M Clotten

Amerika

Reisebilder

M Clotten

Amerika
Reisebilder

ISBN/EAN: 9783744634021

Hergestellt in Europa, USA, Kanada, Australien, Japan

Cover: Foto ©Andreas Hilbeck / pixelio.de

Weitere Bücher finden Sie auf **www.hansebooks.com**

Amerika.

Die Niagara-Fälle (Canadischer oder Horse-Shoe-Fall).

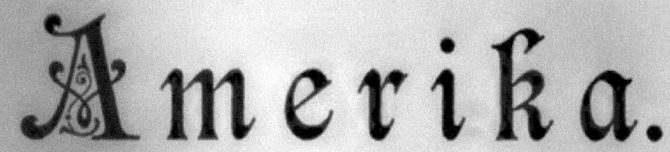

Amerika.

Reisebilder

von

M.- Clotten.

Mit zehn Illustrationen.

Leipzig,

Verlag von Wilhelm Friedrich.

Inhaltsverzeichniss.

Die erste Seefahrt.

Der 21. Mai — Pfingst-Sonntag — traf uns auf hoher See; wohin das Auge auch blickte, allüberall nur Wasser. Vormittags durchquerten wir die Schelde-Mündung, bemerkbar an der stärker werdenden Strömung; gegen Mittag wurde die englische Küste mit ihren weissen Kreidefelsen sichtbar; man erkannte ganz deutlich Dover Castle und Dover; die gegenüberliegende französische Küste war nicht wahrzunehmen. Wir befanden uns in dem Kanal; die See war fast spiegelglatt. Zu unserer Linken erschien die Insel Wight mit Osborne, dem Schloss der Königin; einem in unmittelbarer Nähe des Ufers gelegenen Schloss des Herzogs Norfolk-Bedfort und Cowes; weiter, auf der rechten Seite, Southampton, 448 Seemeilen von Bremerhaven; daselbst wurde Anker ausgeworfen, um Passagiere und die englische Post aufzunehmen.

Nach kaum einstündigem Aufenthalt ging es weiter. Um $7\frac{1}{2}$ Uhr erreichten wir die Needles, — drei in der Nähe der Nordwestspitze der Insel Wight vereinzelt aus dem Wasser hervorragende Felsen; auf dem grössten befindet sich ein kleiner Leuchtthurm. Von hier aus wird die eigentliche Oceanfahrt berechnet. Die ganze Entfernung von Bremen bis New-York beträgt 3558 Seemeilen.

Wer anderen Tags beim Erwachen noch nicht gewusst hätte, dass wir uns im offenen Ocean befanden, der würde es gewiss durch die recht unsanften und unangenehmen

Schiffsschwankungen erfahren haben. Die See war recht unruhig geworden; zeitweise gingen Sturzwellen über Deck; die Seekrankheit hatte sich eingestellt; man sah schon leidende, schwankende Gestalten ängstlich einherschleichen. Am Horizont erschien noch ab und zu ein Segel, sonst erschien ringsum nur Himmel und Wasser.

Zum Glück beruhigte sich das Meer nach zwei Tagen wieder. Unsere Ueberfahrt verlief im Ganzen recht günstig; doch an zwei Tagen stellten sich so dichte Nebel ein, dass die Fahrt verlangsamt werden musste und das Nebelhorn Tag und Nacht hindurch alle fünf Minuten seine Mark und Bein durchdringenden, schauerlichen Töne erschallen liess.

Die Zeit an Bord verlief verhältnismässig schnell; die wackere Schiffskapelle, aus einer Anzahl Stewards der zweiten Cajüte bestehend, spielte drei Mal am Tage: Vormittags 11 Uhr auf Deck; während des Diners in der ersten Cajüte und am Abend im Salon der zweiten Cajüte. Tagsüber wurde recht fleissig Shuffel-bord gespielt, — hat einige Aehnlichkeit mit Eisschiessen —, an dem sich die auf Deck befindliche Gesellschaft theils aktiv, theils mit Zuschauen betheiligte.

Ein Tag galt der Besichtigung des Maschinenraumes unseres Schiffes, wozu uns der Obermaschinenmeister einlud. Die Ems, zwar nicht das neueste, gehört zu den stattlichsten Schiffen des Lloyd. Sie ist 420 Fuss lang und 62 Fuss breit, ihre Welle hat eine Länge von 160 Fuss; sie besitzt 7000 inducirte Pferdekräfte (die Campania, eines der neuesten Schiffe der Cunard-Line, 16 000). Mit sechs Kesseln und 36 Feuerstellen, die pro Tag 140 Tonnen Kohlen erfordern, erreicht die Ems eine Geschwindigkeit von 17 Knoten (in der Stunde). — Auf unserer Fahrt wurden am günstigsten Tage 393 Meilen, d. i. etwas über 16 in der Stunde, zurückgelegt.

Der Capitän des Schiffes, ein ernster, stiller Mann —,

er soll bei dem **Thomas-Attentat in** Bremerhaven mit seinem
Schiff dort im Hafen gelegen **haben —,** erweckte allein
schon durch seine Erscheinung **Vertrauen; er** sowohl, wie
auch alle Offiziere **und** Beamte zeigten durchweg freundliches Entgegenkommen gegen die Fahrgäste. **Die** Verpflegung
war zwar nicht hervorragend, doch im Allgemeinen **zu-**
friedenstellend, jedenfalls aber **um Vieles besser,** wie wir
sie in der Folge auf **den meisten Schiffen** finden sollten.

Für einen Abend **wurde eine Unterhaltung zum Besten**
der Seemannscasse **des Lloyd veranstaltet,** an welcher sich
die Passagiere der **ersten und zweiten Cajüte** betheiligten.
Ausser Vorträgen **von der** Schiffskapelle **gaben Damen und**
Herren von der Reisegesellschaft Gesangs-Vorträge und
Declamationen **zum Besten; ein Tanz auf Deck** bei elektrischer Beleuchtung **beschloss das** recht gelungene Fest.

Am **Morgen des 29. Mai** zeigten **sich in** der Ferne
mehrere **Segler, die** beim Näherkommen als Lotsenboote
erkannt wurden. **Eines derselben legte** um 9 Uhr an unser
Schiff **an und gab uns den** Lotsen ab; wir waren noch über
200 **Meilen** von New-York entfernt. Unter den Lotsen besteht ein sehr scharfer Wettbewerb; sie erscheinen meist
schon Hunderte von Meilen vor dem Hafen. — **Ein Lotse**
erhält für eine Ein- und Ausfahrt 230 Dollars.

Gegen Mittag wurden, **gar nicht weit vom Schiff, einige**
Waale sichtbar, die **sich in den Wellen spielend herum-**
tummelten: **bald bemerkte man auf der Wasserfläche nur**
stossweise emporgeschleuderte **Wasserstrahlen, wie** Fontänen,
bald tauchten die gewaltigen Rücken **der** Meerkolosse mehr
oder weniger hoch aus dem Wasser empor.

Gegen **Abend** erschienen am Horizont verschiedene
Feuerschiffe **und** Leuchtthürme. Nach Eintreten voller
Dunkelheit **bot sich vom Deck** aus ein hübscher Anblick
dar: der Vollmond **trat ab** und zu frei aus dem Gewölk
hervor und spiegelte sich auf der Wasserfläche, während
im Westen eine unendliche Lichterreihe flimmerte. **Um**

1 Uhr Nachts wurde Anker geworfen. Die ganze Nacht hindurch herrschte auf dem Schiff ein Heidenspektakel.

Der nächste Morgen fand die Ems im Aussenhafen von New-York, dem Fort Lafayette gegenüber, vor Anker liegend; hübscher Anblick auf Brooklyn mit Hängebrücke, auf Staaten Island und Liberty, welch' letztere sich noch ziemlich undeutlich aus dem über dem Hafen lagernden Dunst hervorhob.

Gleich nach 7 Uhr erschienen der Arzt und die Steuerbeamten an Bord; die erforderlichen Formalitäten waren schnell erledigt. Fast genau um 8 Uhr setzte sich das Schiff wieder in Bewegung und fuhr in den Innenhafen: die New-York-Bay ein. Die Sonne verdrängte bald die Nebel, und der Binnenhafen, — Upper-Bay —, lag in seiner ganzen Ausdehnung vor uns. Derselbe ist einer der schönsten der Welt und hat hinreichend Grösse und Tiefe für die grössten Schiffe. Er ist acht Meilen lang, vier bis fünf Meilen breit, rings vom Lande umschlossen und enthält mehrere Inseln. Rechts von ihm liegt Long-Island mit Brooklyn und Long-Island-City, links New-Jersey-City, geradeaus die Riesenstadt New-York mit ihren riesigen Häusern und Magazinen am Ufer —, und fast mitten im Fahrwasser, Bedloe's Island mit Bartoldi's Kolossalstatue der Freiheit („Liberty enlightening the world"), welche die Republik Frankreich der Schwester-Republik zum Geschenk machte. Die Statue, das grösste Bildwerk alter und neuer Zeit, besteht aus Kupfer und Eisen; sie misst bis zur Spitze des Sockels 46 Meter und wiegt 225 tons. Im Kopf soll Raum für 40 Personen sein. Als Postament dient ein mächtiger Granit-Unterbau von 47 Meter Höhe.

In der neuen Welt.

Um 11 Uhr landeten wir am Pier des Lloyd und betraten den Boden der neuen Welt in Hoboken, New-York gegenüberliegend. Dort empfing uns ein Vertreter von Stangen.

Dank dessen Fürsorge bei den Beamten war unsere Gepäck-
Revision bald erledigt. Ein guter Landauer brachte uns
auf das Traject, Ferry —, und, nach Landung in New-York,
vom Hafen zum Hotel. Auf dem Wege dorthin begegneten
wir einem grossen, militärischen Aufzug: Linientruppen,
Invaliden-Abtheilungen, Kriegervereine, die Kriegsschüler
von Westpoint und Schüler-Abtheilungen zogen mit Trauer-
zeichen an den Fahnen in fast endloser Reihe nach Brooklyn
zum Friedhof, um aus Anlass des Gräberschmückungsfestes,
eines der höchsten Feiertage in den Vereinigten Staaten,
die Todten zu ehren. In den Strassen, welche der Zug
durchzog, herrschte riesiges Leben; die Fenster waren mit
Zuschauern dicht besetzt; verschiedenen Abtheilungen wurden
aus dem Publikum lebhafte Ovationen dargebracht.

Wir langten gegen 12 Uhr im Fifth-Avenue-Hotel, wo
wir angemeldet waren, an. Dasselbe, ein kolossales Gebäude
im Kasernenstyl, ist an dem grossen Madison-Square sehr
hübsch gelegen; es soll für 1000 Personen Unterkunft bieten.
Das Hotel war sehr besetzt, es wurden uns im dritten Stock
rückwärts mässige Zimmer angewiesen; die vorderen, nobler
eingerichteten Räume sind in allen besseren Hotels der
Union für zwei Personen bestimmt: das der Grund, weshalb
sich die praktischen Amerikaner gewöhnlich zu Zweien ein
Zimmer geben lassen.

Um 1 Uhr begann das zweite Frühstück, — lunch. Die
Küche auf der Ems war uns in den letzten Tagen recht
überdrüssig geworden; wir freuten uns alle auf ein gutes
Essen im Hotel und erschienen sehr pünktlich im Speisesaal.
Es wurde an kleinen Tischen servirt. Kaum hatten wir
Platz genommen, so erschien auch schon ein Kellner mit
einer Riesenspeisekarte. Es gab eine Unzahl für uns fast
ausnahmslos unbekannte Gerichte. Wir verlangten irgend
etwas Warmes zu geniessen, worauf der Kellner meinte:
Zum Lunch werde nur kalte Küche servirt, warm speise
man beim Breakfast und beim Dinner. — Unsere erste Ent-

täuschung in der neuen Welt! Auf unsere Aufforderung, doch irgend etwas herbeizuschaffen, brachte alsdann der Kellner eine Unzahl von Gerichten: Rostbeef, Hammel-Cotelette, Hühner, Indian, Austern, Früchte, verschiedene Kuchen und Eis etc. etc. und zwar immer mehrere Speisen für jeden auf einmal. (So verlangt es der Amerikaner! Auf der Jagd nach dem Dollar gilt bei ihm der Spruch: „time is money!" in noch viel höherem Maasse als beim Engländer; darum wird auch die Zeit, die Mahlzeiten ein-zunehmen, nur möglichst kurz bemessen. In dem Wechseln der Teller und Bestecke, sowie im Serviren der einzelnen Speisengänge sieht er eine unnöthige Zeitverschwendung.) Alles, was es im Hotel gab, ob warm oder kalt, war durch-weg recht gut!

New-York, „the Empire city".

Die nächsten Tage galten New-York mit seinen Sehens-würdigkeiten. Die eigentliche Stadt liegt fast ganz auf der Insel Manhattan. Der Hafen, Spuyten-dewel-creek, der East River, Harlem- und Hudson-River umschliessen dieselbe. Die Insel soll Hudson, — nach Andern der erste holländische Gouverneur, Peter Minuit, ein Westfale —, um 60 Gulden von den Indianern gekauft haben. Nach Abschluss des Kaufes erhielten die Indianer ein Fässchen Rum als Ge-schenk. Diese liessen sich das starke Getränk so wohl schmecken, dass bald alle total betrunken waren. Von da an soll die Insel Manhattan: „Ort, wo sich alle betranken", benannt worden sein.

New-York, das im Jahre 1800 eben 60 000 Einwohner zählte, hatte im Jahre 1890 eine Bevölkerungszahl von 1 515 300. Mit Brooklyn, Jersey-City und einigen Vororten wird es auf $3^1/_2$ Millionen Einwohner geschätzt. Die Längen-ausdehnung der Stadt (von der Battery bis Jonkeers) be-trägt 16 Meilen. Der untere, ältere, gegen den Hafen zu

gelegene Theil der Stadt ist unregelmässig gebaut. Oberhalb der 13. Strasse sind die Strassen sehr regelmässig angelegt und kreuzen sich (mit Ausnahme der Broadway)
rechtwinkelig. Die von Osten nach Westen quer durch die
Insel verlaufenden Strassen sind mit den Zahlen 1—225
bezeichnet; die in der Hauptlänge, von Norden nach Süden
verlaufenden heissen Avenues mit den Nummern 1—12.
Die Orientirung ist sehr leicht. 4 Hochbahnen: Elevated
Railroads, 2 Linien auf der Ostseite (second and third Avenue)
und 2 auf der Westseite (sixt and ninth Avenue) der Stadt,
sowie ein riesig ausgedehntes Netz von Tramways: (horse
cars, street cars, surface cars, cable cars, electric cars)
vermitteln den kolossalen Verkehr. Der untere, ältere Theil
der Stadt gehört ausschliesslich der Geschäftswelt. In der
Hauptstrasse „Broadway", herrscht ein riesiges Leben. Die
Geschäftsbureaux, Banken und Waarenlager sind in gewaltigen Gebäuden untergebracht. Neuerdings ist man bestrebt,
Neubauten möglichst in die Höhe zu treiben; aus dem
Häusermeer erheben sich schon vielfach Kolosse bis zu 10
und 12 Stockwerken. Beim Bauen eines solchen Ungethüms
wird vorerst das Gerippe des ganzen Baues in Eisen aufgeführt, was einen ungemein interessanten Anblick gewährt.
Bei allen diesen Häusern sind in der Frontmauer vom Erdgeschoss bis zum Dach reichende eiserne Leitern angebracht,
die dazu bestimmt sind, bei Feuersgefahr als Rettungswege
zu dienen.

Recht praktisch mag ja diese Vorrichtung sein, aber
man kann nicht behaupten, dass sie zur Verschönerung eines
Hauses beiträgt.

Im hohen Norden der Stadt finden sich noch vielfach
elende Holzbaracken, die gleichsam als die letzten Zeugen
einer noch nicht allzufernen Vergangenheit übrig geblieben sind.

High-Bridge und Washington-Bridge.

Unser erster Ausflug, am Nachmittag nach unserer Ankunft, führte uns nach dem hohen Norden der Stadt. Mit der Elevated der 6. Avenue fuhren wir (um 5 cents = 20 Pf.) bis zur 155. Strasse und von dort mit der Northern Railway (5 cents) bis zur High-Bridge (175. Strasse). Dieselbe führt über den Harlem-River und ist nur für Fussgänger bestimmt; in ihr befinden sich die eisernen Rohre der Wasserleitung.

Nun ging es zu Fuss weiter längs des Flusses bis zur Washington-Bridge (181. Strasse). Dieselbe wurde von 1886 bis 1890 mit einem Kostenaufwande von $2^1/_2$ Millionen Dollars erbaut. Ausser den Landpfeilern besteht sie ganz aus Stahl; sie hat eine Länge von 730 Meter und nur zwei Bogen von je 155 Meter Spannweite, — ein grossartiges Werk der Technik! Von der Brücke hat man einen hübschen Blick über Harlem- und Hudson-River nebst Umgebung. An letzterem Flusse finden sich mehrere Vergnügungslokale, die aus Anlass des Festtages alle überfüllt waren. Wir überschritten die Brücke und fuhren auf dem andern Ufer mit Cable-car und Elevated zum Hotel zurück. Auf sämmtlichen Bahnen war ein riesenhafter Verkehr, trotzdem herrschte allüberall Ruhe und Ordnung.

East-River-Bridge und Green-wood-cemetery.

Der Haupt-Friedhof von New-York liegt in Brooklyn. Die Elevated brachte uns über die Brooklyn-Brücke (East-River-Bridge) dorthin. Diese Brücke, eines der kühnsten Wunderwerke der Ingenieurkunst, ist die grösste Hängebrücke der Welt.

Der deutsche Ingenieur J. Röbling entwarf den Plan dazu und begann 1870 den Bau, der nach seinem 1879 durch Verunglückung erfolgten Tod von seinem Sohn Washing-

ton Röbling zu **Ende** geführt wurde. **Sie** wurde 1883 dem
Verkehr übergeben; die Baukosten betrugen 15 Millionen
Dollars. **Die Brücke hat eine Länge von** 1825 Meter; sie
besteht ganz aus Stahl **und** Eisen und hängt mit vier
16zölligen, — jedes aus 5000 Drähten zusammengeflochten —,
Drahtseilen an den Thurmpfeilern. Mit **zwei** mächtigen
Bogen von je 487 Meter Spannweite schwingt **sie sich** über
den mächtigen Fluss. — **Von** der Mitte **der Brücke hat**
man einen imposanten Blick über den Hafen **und die Stadt.**

Am Friedhof wurden dort haltende Wagen bestiegen.
Der **Green-wood-cemetery umfasst eine** Landfläche von
474 Acres (190 Hektar) mit 22 Meilen (englische) Fahrwegen
und 18 Meilen Fusswegen. Durch seine entzückende **Lage**
auf einem Hügel **in** unmittelbarer **Nähe** des Meeres und
durch seine **herrlichen, mit** zahlreichen Denkmälern geschmückten Gartenanlagen stellt **er** einen Park von seltener
Grossartigkeit und **Schönheit dar. Wir** trafen es ganz besonders günstig, da die ganze Anlage im prächtigsten Blüthen-
schmuck prankte **und an** den Grabmälern von dem tags
vorher stattgefundenen Gräberschmückungsfeste noch die
frischen Decorationen vorhanden waren. Wahrlich! **wenn**
der Todte sich im Grabe seiner Lage bewusst **wäre, müsste**
es schier ein Vergnügen sein, auf **dem Brooklyner Friedhof**
zu ruhen!

Der Driver (Kutscher) machte uns auf die **bedeutenderen**
Grabmonumente aufmerksam **und glaubte uns besonders**
dadurch imponiren zu **können, dass er uns den Preis der-**
selben angab: einige derselben **sollen bis zu** 50 000 Dollars
gekostet haben.

Unter den hervorragendsten sind zu nennen die Denk-
mäler: der New-York-Volunteers; des Elias P. Howe (Erfinder
der Nähmaschine); des S. E. B. Morse (Erfinder des elektrischen Telegraphen); des John Matthews; James, **Gordon**
Bennet (Gründer des New-York-Harald) etc. etc.; jenes der
Familie Steinway ist das grösste Privat-Monument **und jenes**

der Charlotte Canda wohl das kostspieligste, wenn auch künstlerisch nicht so sehr bedeutend. (Ch. Canda, reicher Leute Kind, verunglückte auf einer Spazierfahrt im Alter von 17 Jahren durch Sturz aus ihrem Wagen.) Auf jenem Friedhofe befindet sich auch die sehr bescheidene Ruhestätte der einst sehr gefeierten Lola Montez.

Der Central Parc.

Derselbe liegt im nördlichen Stadttheile. Ein eleganter Landauer sollte uns am Nachmittag des 31. Mai dorthin bringen.

Vor unserem Hotel wogte eine riesige Menschenmasse auf und ab; seitlich der Strasse hatte man eine Tribüne mit Baldachin errichtet: die spanische Princess Eulalia war in New-York angekommen und ihr zu Ehren sollte für den Nachmittag, anstatt einer Truppenschau, eine Parade über die gesammten Policemen der Stadt abgehalten werden. Die Polizeimacht New-Yorks besteht mit den Offizieren aus 3650 Mann.

Unsere Fahrt ging durch die Fifth Avenue. Diese Strasse gilt als die vornehmste in ganz New-York. In ihr haben eine Anzahl der reichsten Familien, unter Anderen verschiedene Mitglieder der Familie Vanderbilt, ihre Paläste erbaut. Auch finden sich dort verschiedene Clubhäuser und Hotels ersten Ranges: so das neuerbaute, hochnoble, Hotel Waldorf; das berühmte Restaurant Delmonico; Hotel New-Neederland (dort wohnte Princess Eulalia), Holland house und Savoye-Hotel.

Der Central Parc ist eine Riesenanlage inmitten der Manhattan-Insel. Er hat $2^1/_2$ Meilen in der Länge, $^1/_2$ Meile Breite und einen Flächeninhalt von 335 Hektar; 17 Hektar davon nehmen eine Anzahl grösserer und kleinerer Seen ein. Am Ende des Parks, auf einer Anhöhe über dem Hudson, befand sich das provisorische Grabmal des Generals

Grant, von **Militärposten bewacht**. Dicht dabei hatte man mit dem **Aufbau eines Monumentes** für den General begonnen, welches nach Fertigstellung den Sarkophag aufnehmen soll.

Im Hudson bemerkten wir drei winzige, hölzerne, Fahrzeuge von einer absonderlichen, uralten Bauart: Es waren dies die drei Carvavellen des Columbus, **mit** welcher **er** die erste Entdeckungsreise nach Amerika **unternommen** hatte; (in Nachbildung!) **Spanien** sandte sie **zur** Eröffnungsfeier der Weltausstellung in Chicago dorthin; sie erschienen, im Vergleich **zu den jetzigen** Oceanfahrern, wie Nussschalen.

Im Central Parc herrschte **ein** lebhafter Verkehr **von** Fahrzeugen, Reitern und Reiterinnen; der Corso der fashionablen Welt findet dort täglich **zwischen 4—6 Uhr statt.** Unter den Pferden und Wagen sah **man** nicht sehr viel Hervorragendes. Der Amerikaner scheint Nasenstrecken bei den Pferden **schön zu finden: an allen** Gespannen hatten die Thiere einen **oben** vom Kummet zwischen den Ohren hindurch über den Kopf zum Nasenriemen führenden, kurz gebundenen, Hülfszügel!

Der Park wird an Sonn- und Feiertagen, **wo die Wirths**häuser in der Stadt geschlossen sind, von Hunderttausenden von Spaziergängern aufgesucht. **Alt und Jung** treiben sich auf den Rasenplätzen, — Recreation grounds —, herum; in der Mall, **der Hauptpromenade,** einer schönen Ulmenallee, wo alsdann Militärconcerte stattfinden, **wogen** dichte Menschenmassen auf und ab; eine grosse Anzahl Policemen sehen auf strenge Promenade-Disciplin: alles muss nach rechts ausweichen; in der Nähe des Musik-Kiosk darf nicht geraucht werden.

Rauchverbot findet sich fast allenthalben **in diesem** „Lande der Freiheit": **auf** den Bahnhöfen, in den Eisenbahnwagen, auf den Schiffen etc. etc.

Monumentalbauten der Stadt.

Dieselben liegen fast alle in der alten Stadt: in der Broadway street oder in den nächsten Seitenstrassen davon. Die für den Staatsdienst bestimmten Gebäude, wie das Custom house (Hauptzollamt), das Schatzamt, United States Sub Treasury, das Court house (oberster Gerichtshof) sind, wie alle älteren Staatsgebäude in den Vereinigten Staaten, in streng klassischem Stile erbaut, meist mit Säulen-Porticus. Die Paläste der grösseren Zeitungen gehören mit zu den hervorragendsten Gebäuden der City; das Pullitzer Building mit der World Office ist das grösste und höchste von diesen. Es enthält 15 Stockwerke, ein Lift (Aufzug) führt vom Flur bis zu der 375 Fuss hohen Laterne. Zum Bau der Kuppel sollen allein 800 000 Pfund Kupfer verwendet worden sein. Das Panorama von dort oben über die Stadt und den Hafen war wundervoll; bei völlig klarem Wetter soll man eine Rundschau bis zu 29 Meilen Entfernung haben.

Von anderen bedeutenderen Bauten sind noch zu nennen: Die City Hall (Rathhaus) im Renaissancestil mit Säulen-Porticus, sehr einfach gehalten; in unmittelbarer Nähe davon die Post Office (Hauptpostamt), ein gewaltiger Bau im Renaissancestil mit Mansardendach. In der unteren Stadt der Palast der Equitable Life Assurance Society, wohl das grösste Gebäude von New-York, ein hochnobles, prachtvolles Haus, dessen Bau, wie es heisst, 8 Millionen Dollars gekostet hat. Es soll an 1500 Bewohner beherbergen. Die Produktenbörse, Produce Exchange, in der Nähe des Hafens, an der Battery, gelegen: ein mächtiger Backsteinbau mit 68 Meter hohem Thurm. Dieses Gebäude tritt beim Einfahren in den Hafen unter allen am meisten in die Erscheinung. Vom Thurm, wohin man mittelst Lift gelangt, hat man eine herrliche Aussicht über Stadt und Hafen. Der Börse gegenüber liegt ein imposanter, 10 Stock hoher Bau, in welchen an einer Ecke ein kleines dreistöckiges Häuschen

mit nur 3 Fenster Haupt- und 3 Fenster Seitenfront ein-
gekeilt ist, gleichsam als sollte es erdrückt werden. Vor
Errichtung jenes Kolossalbaues sollen dem Besitzer der
kleinen Hütte 100 000 Dollars für dieselbe geboten worden
sein, jedoch jener erklärte als stolzer Yankee, diese
sei um keinen Preis zu haben! Castle Garden, in der
Nähe der Produktenbörse, auf der Battery gelegen. Der
cirkusähnliche, grosse Rundbau diente früher als erster
Unterkunftsort der ankommenden Zwischendeck-Passagiere;
später war er eine Zeit lang Musikhalle, in der seiner Zeit
Jenny Lind (1840) Triumphe feierte; zuletzt wurde er als
Zeughaus der Marine(Naval-)-Reserve verwendet und wird
jetzt zu einem Aquarium umgebaut. Die Fondsbörse: Stock
Exchange, in der Broad-Street gelegen, ein hoher Marmor-
bau mit Eingängen in Wall- und New-Street. Fremde werden
auf die Gallerie (Eingang Wall-street) zugelassen. Während
der Börsestunden (10—3 Uhr) herrscht dort ein ungemein
reger Verkehr; es sollen oft an einem Tage Werthe bis
zu 30 Millionen Dollars umgesetzt werden. Für einen Sitz
in der Stock Exchange werden bis zu 3600 Dollars gezahlt.
Während wir von der Gallerie in den Saal blickten, bemerkte einer der unten Anwesenden mein Monocle und
machte einige der Umstehenden auf die, ihm wohl fremde,
Erscheinung aufmerksam. Diese schauten natürlich auch
sofort nach oben zu uns hinauf. Hierdurch wurde wieder
die Neugierde weiterer Kreise erregt und bald war der
grösste Theil der Dollarjäger da unten im Anstaunen des
Monocles versunken, so dass das Geschäft auf einige Sekunden
ganz zu stocken schien.

Museen und andere Kunststätten.

Das American Museum of Natural history, auf
Manhattan-Square, an der Westseite des Central-Parks gelegen, besteht aus zwei aneinander stossenden Gebäuden.

Durch Neubauten soll dasselbe auf das 9 fache der gegen-
wärtigen Ausdehnung vergrössert werden. Im Erdgeschoss
ist die Jesup'sche Sammlung untergebracht, eine interessante
Collection sämmtlicher Holzarten, die in den Vereinigten
Staaten vorkommen, und zwar alle dargestellt in Querschnitten
des Holzes mit rohgesägten und polirten Flächen. In den
oberen Stockwerken finden sich: eine Anzahl von Thier-
skeletten aus dem Diluvium und sehr reichhaltige Sammlungen aus dem Thier- und Mineralreich; von letzterer ist
besonders von Interesse die Tiffany'sche Edelstein-Sammlung.
Die Vögel sollen in 12 000 Exemplaren vertreten sein.

Das Metropolitan Museum of art, auf der Ostseite
des Central-Parks gelegen, ein gegenwärtig in seinem Aeusseren
ziemlich unscheinbares Gebäude, das durch Neubauten bedeutend vergrössert werden soll. Ganz in der Nähe, auf
der Westseite, erhebt sich Cleopatra's Needle: Nadel der
Cleopatra, ein ägyptischer Obelisk, aus Heliopolis stammend,
welchen Ismael Pascha 1877 der Stadt New-York geschenkt
hat. Das Museum enthält eine Unmasse von Gegenständen,
die zum Theil noch wenig geordnet sind. Zu den werth-
vollsten Schätzen gehört unzweifelhaft die Cesnola'sche
Sammlung Cyprischer Alterthümer, welche der General Cesnola
als amerikanischer Consul auf Cypern gesammelt hat. Die historische Glassammlung dürfte in ihrer Vollständigkeit uner-
reicht dastehen; die Sammlung assyrischer Cylinder wird
nur von der im Britischen Museum übertroffen. Auch unter
der sehr reichhaltigen Gemäldesammlung, — alter wie neuer
Zeit —, finden sich vortreffliche Sachen.

Neben den Museen verdienen noch wegen ihrer Sammlungen genannt zu werden: Die Lenox Library (Bibliothek), mit einer reichen Sammlung seltener Bücher und
Handschriften und einer hübschen Gallerie älterer und
neuerer Gemälde; ferner die New-York Historical Society
mit einer interessanten Sammlung ägyptischer und assyrischer
Alterthümer und einer Gemälde-Gallerie von 900 Bildern,

darunter mehrere **Werke berühmter Meister; endlich** eine
grössere **Anzahl von** Privatsammlungen im Familien-
besitz; von den letzteren gehören die der Famile Vanderbilt, Astor und Marquand zu den besten.

Kirchen.

New-York besitzt gegen 600 Kirchen; **ungefähr** $\frac{1}{7}$ davon gehören dem römisch-katholischen **Cult an.** Sie bieten
im Allgemeinen nicht **viel Sehenswerthes.** Die bei weitem
schönste **und grösste,** — überhaupt die grösste Kirche in
den Vereinigten Staaten —, ist die in der **Fift Avenue** gelegene römisch-katholische St. **Patrick's Cathedrale.** Sie
ist ganz aus weissem **Marmor erbaut, hat** eine Länge von
122 **Meter,** eine **Breite von** 38 **Meter** (im Querschnitt
55 Meter) und **eine Höhe von 34 Meter.** Die zwei stattlichen Thürme erheben **sich bis zu einer** Höhe von über
100 Meter. Im Innern finden sich hübsche Glasgemälde.
Die **Baukosten sollen über** 2 Millionen Dollars betragen
haben.

Der St. Patrick Cathedrale fast gegenüber liegt die
Dutch-reformed-collegiate Church, Holländisch-refor-
mirte Kirche. Das kleine, hübsche Gotteshaus besitzt **ein
Hauptschiff** und zu diesem senkrecht stehende Seitenschiffe.
Das Innere mit den **hübschen Holzvertäfelungen der Wände**
und der reichverzierten, **kassetirten Decke** stellt ein wahres
Schmuckkästchen **dar. An der Ecke der 55.** Strasse liegt
die Fifth Avenue Presbyterian Church, die am reichsten
dotirte der Stadt. **Der Pfarrer, Dr. Hall,** soll ein jährliches
Einkommen von **gegen 50 000 Dollars** haben. Ebenfalls in
der Fifth Avenue, Ecke der 43. Strasse, ist die Hauptsynagoge
von **New-York,** Temple Emanu-El, gelegen, ein schöner
Bau im maurischen Stil. Die St. Paul's Kirche in der
Broadway-Street **ist die älteste Kirche der Stadt,** sie wurde
1756 erbaut. Auf dem kleinen, **die Kirche** umgebenden,

alten Friedhofe befinden sich einige interessante Grabdenk-
mäler. In derselben zeigt man noch die Kirchenstühle, in
denen George Washington und Gouverneur Clinton dem
Gottesdienst beiwohnten (dieselben sollen aber schon längst
durch neue ersetzt worden sein!).

Theater und andere Vergnügungsorte.

Es giebt eine Unzahl von Theater in New-York. Im
Innern der Stadt befindet sich fast in jeder Strasse ein
solches. Die meisten stehen, was Kunstleistungen betrifft,
auf einem recht niedrigen Standpunkt. Das Haupttheater:
Metropolitan Opera-House, in der Broadway, ist 1892
abgebrannt. Wir besuchten das Madison-Square-Theater,
wo eine Lokalposse: „A trip in Chinatown", — „Eine Reise
in die Chinesenstadt" —, gegeben wurde, ein richtiges
Spektakelstück mit recht viel Coulissenreisserei. Die vorkommenden Lokalwitze, die für uns unverständlich waren,
wurden mit wahren Lachsalven begleitet. Im Fifth Avenue-
Theater sahen wir ein Schauspiel: „One prodigal daughter",
— „Eine verschwenderische Tochter" —, aufgeführt von einer
Truppe des Drury Lane-Theater in London. Es war eine Art
Ausstattungsstück mit viel Rührscenen; im vierten Akt wurde
ein vollständiges Wettrennen mit Hürden, Wassergraben etc.
vorgeführt. Interessant war es, bei den verschiedenen Rührscenen das Publikum zu beobachten; man achtete nicht auf
das künstlerische Spiel der Darsteller, sondern man nahm
lebhaft Partei für die Darsteller der guten Charaktere: durch
lauten Zuruf und Beifallklatschen, während die Darsteller
der schlechten Charaktere beim Auf- und Abtreten durch
Abscheubezeugungen begleitet wurden. Ein Riesenetablisse-
ment eigener Art ist der Madison-Square-Garden, eine
Schöpfung des bekannten Reclamehelden Barnum· ein gewaltiger Hausstock von 130 Meter Länge und 60 Meter Breite,
zwischen Madison- und 4. Avenue und 26. und 27. Strasse

gelegen. Es enthält ein Amphitheater für Pferde- etc. Ausstellungen und für Circus-Aufführungen, woselbst Platz für
15 000 Personen ist; das Garden-Theater; einen 1500 Besucher
fassenden Ball- und Concertsaal und einen offenen Garten
(Roof-Garden) auf dem Dach, wohin man mittels Lift gelangt. Der Raum daselbst bietet Platz für über 4000 Personen. Von dem 21 Meter hohen Thurm hat man abends
einen wunderbaren Blick über die in elektrischer Beleuchtung strahlende Riesenstadt. Wir sahen im Concertsaal die
Aufführungen einer Variété-Gesellschaft. Es wurde Mannig-
faltiges geboten: Ein Niggerconcert; Ballet, von meist im
Alter etwas sehr vorgeschrittenen Schönheiten; eine Operette,
ferner Akrobaten-Productionen, Serpentinen-Tanz etc. etc.
Den Roof-Garden besuchten wir an einem Sonntag, wo ein
Sacred-Concert angezeigt war. Man gab Tingel-Tangel-
Aufführungen von recht zweifelhaftem Werth. Der einzige
Unterschied zwischen diesem Sacred-Concert und einem
anderen bestand darin, dass keine alkoholischen Getränke
verabfolgt wurden; indessen das zahlreich anwesende Publikum, — meist jüngere Pärchen —, schien sich dabei ganz
gut zu unterhalten.

Ein viel besuchtes Vergnügungslokal ist das Theater
Variété von Köster. Dort wurden an einem Abend
ausser einer Anzahl Variété-Productionen noch zwei voll-
ständige Operetten gegeben.

Die untergeordneten Vergnügungslokale, insbesondere
die sogenannten Dime Museums, sind nicht empfehlenswerth; die meisten, „Concert-Saloons" sich betitelnden,
Lokale für den Fremden nicht ganz gefahrlos zu besuchen.

Restaurations-Lokale.

In den Vereinigten Staaten müssen sämmtliche Lokalitäten, in denen alkoholhaltige Getränke verabreicht werden,
an Sonn- und Feiertagen geschlossen sein. So verlangt es

das Gesetz! Doch der Freund von „schärferen" Getränken
weiss sich zu helfen: Er fragt sich: „Wozu das Gesetz,
wenn es nicht umgangen wird?" sucht durch Hinterthüren
Eingang in die Wirthshäuser und lässt sich alsdann, — auf
verbotenem Wege —, das süsse Nass recht munden. Den
besten Beweis liefern die an späten Sonn- und Festtagabenden
aus den finsteren Wirthshausgässchen herausstolpernden,
schwankenden Gestalten.

Die meisten Hotels haben gesonderte Restaurations-
Lokalitäten, — Bar genannt —, im Erdgeschoss oder im
Souterrain. Die feinste und wohl auch eine der besuchtesten
Bar ist jene im Hofman-House am Madison-Square. Die
Bierlokale, in unserem Sinne, zeichnen sich durch sehr
wenig Comfort in ihrer Einrichtung und vielfach durch
mangelhafte Sauberkeit aus. In einem in der Nähe des
Union-Square gelegenen, grossen, Restaurant, wo Würzburger
Hofbräubier verschenkt wurde und ziemlich viel Publi-
kum verkehrte, spazierten Ratten im Lokale und auf den
Tischen herum! Zu den besseren Bier-Restaurationen gehört
der Rathskeller, gegenüber der Brooklyn-Brücke und
Görwitz in der 3. Avenue, wo es ausser anderen Bieren
auch Münchener Kochelbräu gab. Diese Bierlokale werden
hauptsächlich von Deutschen besucht; der Amerikaner trinkt
fast nur einheimisches Bier und zwar in den Bars. Die
Brauereien in Amerika brauen meist nur helle, leichte
Biere; die grösseren sind in den Händen von Deutschen. Die
grössten Brauereien in den Vereinigten Staaten sind: die An-
häuser'sche in St. Louis und die Pabst'sche in Milwauky,
die bedeutendste in New-York die Ehret'sche, die jährlich
über 500 000 Hektoliter siedet. (Der noch lebende Gründer
dieser Brauerei, der in den fünfziger Jahren als Braubursche
nach New-York kam, wird jetzt auf ein Vermögen von
100 Millionen Mark geschätzt!)

Ausflüge in die Umgebung von New-York.

Zum Fort Wadsworth: Mit Hochbahn zum Hafen, auf Ferry nach Staaten Island und alsdann mit Eisenbahn nach Station Wadsworth; von dort zu Fuss in einer kleinen halben Stunde zum Fort. Von der Anhöhe daselbst hübsche Aussicht über den Hafen und auf das gegenüberliegende Ufer von Brooklyn.

West Point.

Der Ausflug dorthin nimmt einen ganzen Tag in Anspruch. Einer der grossen Hudsondampfer brachte uns flussaufwärts. Diese Schiffe sind sehr comfortabel eingerichtet: sie enthalten in mehreren Stockwerken hübsch ausgestattete Salons und ausserdem ein geräumiges Promenadedeck. Sie fallen dadurch auf, dass der auf- und absteigende „Balancirer" hoch über dem Deck in die Lüfte ragt. Ein Schiff vermag mehrere Tausend Personen aufzunehmen.

Der Hudson ist ein mächtiger Strom; an manchen Stellen wohl drei bis vier Mal so breit als der Rhein, mit dem er von den Amerikanern so gerne verglichen wird. Es fehlen zwar die Burgen und auch die Rebengelände; indessen die den Fluss begrenzenden Berge in ihren verschiedenen Formen, besonders die auf dem rechten Ufer in einer Höhe von 60 bis 150 Meter fast senkrecht zum Fluss abfallenden, nackten, Basaltfelsen, die sogenannten Palissaden, ferner die schön bewaldeten Bergrücken und die weithin den Fluss hinauf in die Erscheinung tretenden hübschen Villenanlagen, welche in der heissen Jahreszeit von den reichen New-Yorkern als Wohnsitz aufgesucht werden, — alles das bietet ein Bild von herrlichem Liebreiz und erinnert wohl oft an die schöneren Gegenden des Rheins und der Donau.

Gegen 11 Uhr erreichten wir die Station West-Point, 52 Meilen von New-York entfernt. Vom Landungsplatz gelangt man auf einer guten, in den Felsen eingesprengten, Strasse nach West-Point, welches auf einem Felsvorsprung,

2*

direkt über dem Hudson, schön gelegen ist. Dort befindet sich eine Kriegsschule für angehende Offiziere. Zur Zeit war es von 300 Zöglingen besucht, ausserdem hatte es noch eine Garnison von 1000 Mann: Cavallerie und Pioniere.

Die amerikanische Friedensarmee besteht aus 25 Regimentern Infanterie zu 10 Compagnien, die Compagnie zu 60 Mann; 10 Cavallerie-Regimentern; 5 Artillerie-Regimentern und 1 Ingenieur-Bataillon. Das Avancement bis zum Capitän erfolgt ziemlich schnell, stockt aber später ganz gewaltig. Die Gehaltsverhältnisse sind günstig.

West-Point ist eine in schöner Gegend angelegte und mit grossem Comfort ausgestattete Militärcolonie. Die Offiziere und verheiratheten Unteroffiziere wohnen in getrennt stehenden Häusern. Die Dienstgebäude: Schulzimmer sowie Unterkunftsräume der Zöglinge, sind sehr gut eingerichtet; es finden sich dort geräumige, luftige Exerzierhäuser und grossartig angelegte Reithäuser; auch ist für Erholung in ausreichender Weise Gelegenheit geboten. Aus allem gewinnt man den Eindruck, dass nichts versäumt wurde, sowohl den Lehrern wie den Zöglingen den Aufenthalt daselbst möglichst angenehm zu machen.

Der schönste Aussichtspunkt findet sich 15 Minuten von der Militäranstalt flussaufwärts auf einer Anhöhe, wo noch Trümmer von Old Fort Putnam vorhanden sind. Der Blick von dort flussauf- und abwärts: über die ganze, zu Füssen liegende Militärcolonie und über die Highlands, — die den Fluss begrenzenden Höhenzüge —, ist überraschend schön.

In dem in der Nähe der Kriegsschule gelegenen West-Point-Hotel nahmen wir den Lunch ein. Die Verpflegung war recht mässig, die Bedienung, — Schwarze (colored people) in Frack —, liess Vieles zu wünschen.

Die Rückfahrt, ebenfalls mittels Dampfer, bot noch manches Sehenswerthe, das auf der Hinfahrt durch Nebel verhüllt gewesen war. Im Flusse lagen mehrere Kriegsschiffe: ein spanisches, welches die Princessin Eulalia nach Amerika

gebracht hatte; zwei amerikanische und eines, dessen Be-
satzung ganz aus Schwarzen zu bestehen schien, wahrschein-
lich einer der vielen südamerikanischen Republiken gehörend.

Auf der rechten Flussseite, nicht sehr weit von Hoboken
entfernt, bemerkten wir ein durch seine gewaltige Grösse
auffallendes Etablissement, das Eldorado: das grösste Vergnügungslokal New-Yorks mit grossem Park und eigenem
Theater. Das Theater ist nach Art der römischen Amphitheater erbaut; in dem Zuschauerraum sollen an 50 000
Menschen Platz finden, auf der Bühne oft 1000 Personen
zugleich auftreten. Es werden dort grosse Ausstattungsstücke,
wie z. B. die Zerstörung Jerusalems, aufgeführt.

Philadelphia.

Am 5. Juni verliessen wir auf einige Tage New-York
zu einem Ausflug nach Philadelphia und Washington. Die
Eisenbahnfahrt von Jersey-City aus mit der Royal-Blue-Line
bietet nicht viel Interessantes. Bei Yardley (50 Meilen) setzt
die Bahn auf schöner Brücke über den Delaware und erreicht nach 89 Meilen Philadelphia. Wir stiegen in dem
Hotel Continental ab, einem an der Chestnut-Street gelegenen,
grossen, wenig freundlichen Hause, mit Bedienung von
Schwarzen. Der Oberkellner, ein Deutscher aus Sachsen,
liess es sich sehr angelegen sein, uns den Aufenthalt daselbst möglichst angenehm zu machen.

Philadelphia, die drittgrösste Stadt der Union, mit
1 046 960 Einwohnern, liegt in einer weiten Ebene zwischen
dem Delawarefluss und dem Schuylkill. Sie ist sehr regelmässig gebaut; die Hauptverkehrsader für den Handel ist
die Market-Street, während die glänzendsten Läden und die
Paläste der grösseren Zeitungen sich in der Chestnut-Street
befinden; sehr viel Verkehr hat auch die Broad-Street; die
Paläste der Geldaristokraten liegen im Westend.

Abgesehen von den genannten drei Hauptstrassen macht die Stadt mit ihren durchweg kleinen, einförmig gebauten, Häuschen durchaus nicht den Eindruck einer Grossstadt.

Philadelphia wurde 1682 von einer Quäkercolonie unter William Penn gegründet. Die Stadt entwickelte sich sehr schnell und war zu Ende des vorigen Jahrhunderts Hauptstadt des Landes. Während der Revolution war es der Schauplatz der wichtigsten Staatsaktionen: dort wurde die Unabhängigkeitserklärung unterzeichnet und proklamirt; der erste Präsident hatte dort seinen Sitz, und der erste Congress tagte daselbst.

Unser Aufenthalt in Philadelphia war nur auf einen Tag berechnet; auf einer Rundfahrt durch die Stadt besuchten wir die Hauptsehenswürdigkeiten.

Die Independance Hall, von unscheinbarem Aeussern, enthält historische Werthzeichen ersten Ranges, darunter viele, die sich auf Washington und andere berühmte Männer beziehen, welche im Unabhängigkeitskriege Hervorragendes geleistet haben. Hier wurde am 4. Juli 1776 die Unabhängigkeitserklärung angenommen. Der alte Sitzungssaal ist noch in demselben Zustand erhalten wie zur Zeit des Congresses und auch noch mit den alten Meubles versehen.

Auf City-Hall-Square liegt die City-Hall, das Rathhaus, ein mächtiger Bau aus Granit und Marmor, im französischen Renaissancestil, mit 148 Meter Länge und 143 Meter Breite; es ist mit seiner Grundfläche von 1,80 Hektar das grösste Gebäude in den Vereinigten Staaten (das Capitol in Washington hat nur 1,40 Hektar). Der Thurm, auf 155 Meter Höhe projektirt, ist noch nicht fertig; er soll von der 11 Meter hohen Statue von William Penn, die jetzt auf dem Hofe des Gebäudes steht, gekrönt werden. Die Gesammtkosten des Baues sollen 20 Millionen Dollars betragen! An der Nord-Ost-Seite des Square, Ecke der Broad-Street der Masonic-(Freimaurer)-Temple, ein herrlicher Granitbau in normannischem Stil; an der Ost-Seite des Square Wana-

makers Store, das grösste Geschäftshaus der Welt! so
wenigstens sagt der Amerikaner. Der Stifter des Geschäfts
soll erst Geistlicher gewesen sein! In Riesenräumen wird
nahezu alles feilgeboten, was sich denken lässt; mehrere
Hundert Verkäuferinnen stehen zu Diensten des Publikums;
an 40 Stellen finden sich Zahlschalter; von den in den verschiedenen Stockwerken gelegenen Abtheilungen wird der
Verkehr mit den Bureaux durch pneumatische Rohrleitung,
wie beim Rohrpostbetrieb, vermittelt. In dem Riesengeschäft
sollen im Ganzen 4500 Verkäuferinnen und Arbeiterinnen
angestellt sein. Der im Geschäftshause eingerichtete Früh-
stückssalon (luncheon room), wo unentgeltlich kleine Stär-
kungen verabreicht werden, ist von Damen sehr stark
besucht.

Unsere Rundfahrt brachte uns auch zu dem, ausserhalb
der Stadt gelegenen, Fairmount's Parc, allwo 1876 die
Centennial-Ausstellung stattgefunden hat. Die Anlage ist
wohl der grösste städtische Park der Welt, er umfasst ein
Areal von über 1100 Hektar. Der Aussichtsthurm: Lemon-
Hill-Observatory, ein hoher, eiserner Thurm mit Lift, von
dessen Spitze man einen weiten Ausblick geniesst, ist noch
von der Ausstellung vorhanden, ebenso die nicht weit davon
gelegene Memorial-Hall, in welcher sich jetzt das Pennsyl-
vania-Museum of Industrial Art befindet. Die Errichtung
dieses Gebäudes soll einen Kostenaufwand von $1^1/_2$ Millionen
Dollars erfordert haben. Von bemerkenswerthen Bauten
sind noch zu nennen: die United-States-Mint, — Münze —,
die Post-Office, das Drexel-Building, — Haus —, die
Academy of Fine Arts und die sehr ausgedehnten
Etablissements der Baldwin's Locomotive Works.

An dem einen Abend unseres Aufenthaltes besuchten
wir unter Führung des Oberkellners vom Hotel einige Theater-
Variétés. Die Vorstellungen daselbst waren recht minder-
werthig; sie bestanden zumeist in eintönigen Gesängen mit
Tanz (Yankee doodle!). In einem grösseren derartigen Theater

fand grosses Preisboxen statt. Nachdem einige Paare Vor-
führungen im Schulboxen, — so schien es uns wenigstens —,
gegeben hatten, traten zwei Sterne erster Grösse auf. Dieselben hatten schon einige Abende mit einander gerungen,
ohne dass es zu einer Entscheidung gekommen war; diese
wurde an jenem Abend erwartet. Die zwei untersetzten,
sehr muskelstarken Gegner kämpften mit sichtlicher Er-
bitterung gegen einander, galt es doch, wer von ihnen beiden
als Master, — erster Preisboxer —, in den Vereinigten Staaten
aus dem Kampfe hervorgehen sollte. Das sehr zahlreich versammelte Publikum verfolgte athemlos mit grosser Spannung den
Kampf. Man vernahm nur das keuchende Athmen der Kämpfer
und ab und zu die dumpfen Töne von den versetzten Hieben.
Der wüthende Kampf währte eine geraume Zeit, wobei bald der
eine bald der andere Kämpe Vortheile errang, bis endlich
einer durch einen unparirten, mit grosser Wucht geführten,
Schlag auf den Schädel, unter einem dumpfen Krach zu
Boden stürzte und bewusstlos liegen blieb. Darauf fiel der
Vorhang.

Das Publikum brüllte Beifall; es gerieth ganz aus Rand
und Band und beruhigte sich erst allmählich, nachdem der
Sieger, dessen Gesicht deutliche Spuren des Kampfes trug,
sich noch einige Male gezeigt hatte.

Solche Fechtereien gelten für den Amerikaner als
höchster Sport und als ein ganz besonderes Vergnügen.
Auf uns machte dieses, wie wilde Bestien aufeinander Los-
fahren von Menschen einen höchst unerquicklichen, ja wider-
wärtigen Eindruck. Unser Führer wollte uns noch zu
weiteren Unterhaltungen gleicher Art bringen, doch wir
hatten an dieser einen genug und verlangten nach dem Hotel
zurückzukehren.

Wir befanden uns in einem entlegenen Stadttheil, ziemlich weit von unserm Ziel entfernt. Der Oberkellner dachte
uns auf dem nächsten Wege heimwärts zu bringen; dabei
geriethen wir in Gassen, deren scheusslich vernachlässigter

Zustand jeder Beschreibung spottet. Bei einer wahren Schand-
beleuchtung und einer Temperatur von $+ 26^0$ R. musste
man sich, Schritt für Schritt vorsichtig weiter tastend, den
Weg über fortlaufend entgegentretende Hindernisse bahnen:
gefahrdrohende Unebenheiten auf den Trottoirs; $^1/_2$ Meter
hohe Randsteine an den schmutzigen Strassenrinnen; unebene,
skandalöse Pflasterung in den mit Schmutzhaufen bedeckten
Strassen. Wir waren alle herzlich froh, als wir endlich,
wenn auch total abgehetzt, so doch mit ganzen Gliedern,
in unserem Hotel anlangten.

Washington.

Am Nachmittag des 6. Juni zogen wir von Philadelphia
weiter, wie ich glaube, alle mit dem stillen Schwure: auf
Nimmerwiedersehen!

Die Eisenbahnfahrt nach Washington geht über Baltimore (96 Meilen), durch eine wenig interessante Gegend.
Bei Havre de Grace (61 Meilen) setzt die Bahn über den
mächtigen Susquehanna, der dort in die Chesapeake-Bay
mündet, dann weiter über einige Arme der Bay bis vor
Baltimore, wo unser Zug mittels einer Ferry über die Bucht
selbst gebracht wurde.

Die Chesapeake-Bay, mit einer Länge von ca. 200 Meter
und einer Breite von 10—20 Meter, ist die grösste Bucht
der atlantischen Küste. Drei Flüsse: der Susquehanna, Potomac und St. James River, ergiessen sich in dieselbe; sie
ist für die grössten Dampfer schiffbar. Sie wird sehr viel
von Sportsleuten aufgesucht, sowohl wegen der guten Jagd
auf Wasservögel (besonders Enten), wie auch wegen des
ergiebigen Fischfanges; dieselbe ist nicht minder berühmt
durch ihren Reichthum an Austern. (Die amerikanische
Auster, sowohl die gewöhnliche wie die sogenannten Blue-
points, zeichnen sich mehr durch ihre Grösse als durch einen
feinen Geschmack aus; von den europäischen Gourmets wird
sie nicht für eine Delicatesse erachtet.)

Bei der Ueberfahrt über die Bay bemerkten wir neben einer grossen Anzahl anderer Schiffe zwei Kriegsschiffe unter italienischer Flagge, welche dort vor Anker lagen. Nach Landung am Pier der Baltimore-Ohio-Eisenbahn erhielt unser Zug wieder eine Maschine, und alsdann ging es noch 40 Meilen durch flache, einförmige Gegend weiter nach Washington (in einer Stunde), wo wir abends gegen 8 Uhr anlangten.

In Ebbit-House war Quartier für uns bestellt, ein weitläufiges, in der F.-Strasse hübsch gelegenes Hotel. Unterkunft, Verpflegung wie auch Bedienung war sehr mässig; das ganze Hotel machte einen recht vernachlässigten, heruntergekommenen Eindruck. Man wusste nicht, was mehr Anlass zum Aerger gab: die durchaus mangelhafte Bedienung von impertinenten, schwarzen Kerlen in ihren zerrissenen, von Schmutz starrenden Kleidern; die höchst zweifelhafte Zubereitung der Speisen oder die mit grossen Löchern verzierte, schmutzige Tischwäsche.

Zum Besuch von Washington waren zwei Tage bestimmt. Die Stadt liegt am Potomacfluss, an der Einmündung des Anacostica in denselben. Sie wurde 1802 Regierungssitz; 1810 zählte sie nur 8208 Einwohner, 1890 deren schon 188932 (in der letzteren Zahl sind 40000 Offiziere und Beamte, — ohne deren Familien —, eingerechnet).

Washington, Bundeshauptstadt der Vereinigten Staaten, ist in grossem Stile, nobel angelegt. Es gehört mit seinen breiten, meist asphaltirten, reinlich gehaltenen Strassen und mit den vielen, fast aneinander reichenden, mit hübschen Anlagen geschmückten, freien Plätzen (Squares) zu den schönsten Städten des ganzen Landes. Breite, baumbepflanzte Avenues, nach den Unionsstaaten benannt, durchziehen strahlenförmig, — die meisten vom Capitol ausgehend —, die Stadt. Von den rechtwinklig angelegten, schmaleren Strassen sind die von Norden nach Süden laufenden numerirt, die von Osten nach Westen ziehenden mit Buchstaben bezeichnet. Die

schönsten Privathäuser finden sich zumeist in der Massa-
chusette-, Vermont- und in der Connecticut-Avenue; in letzterer auch die Wohnungen verschiedener Gesandten, so des
Vertreters von Russland, England und China.

Der Verkehr in den Strassen, während unserer Anwesenheit, war nicht bedeutend; zur Zeit der Tagung des
Repräsentantenhauses soll es dort recht lebhaft sein. Man
begegnet in der Stadt ziemlich viel Farbigen (der ganze
Distrikt Washington zählte 1890 unter 230 000 Einwohnern

Das Capitol zu Washington.

fast 76 000 Schwarze); dieselben tragen in ihrer, meist
schlecht gewählten, Kleidung mit schmutziger Wäsche gerade
nicht zur Verschönerung des Strassenlebens bei.

Die Stadtverwaltung ist sehr darauf bedacht, die Strassen
rein zu erhalten, jedoch die Bürgerschaft, die fast insgesammt
das Tabakkauen geradezu als Sport betreibt, sorgt durch
Ausspeien des Tabaksaftes dafür, dass die Trottoirs buchstäblich mit einer braunen Jauche überzogen sind, von
welcher durch die ganze Stadt ein widerlich, süsslicher Geruch
aufsteigt.

Zu den Hauptsehenswürdigkeiten der Stadt gehören: das Capitol. Auf einer Anhöhe 30 Meter über dem Potomac schön gelegen, beherrscht es mit seiner 87 Meter hohen Kuppel die Stadt. Es ist ein in symmetrischen Verhältnissen ausgeführtes, herrliches, klassisches Bauwerk. Es hat eine Länge von 229 Meter; die Breite wechselt zwischen 37 bis 99 Meter. Es besteht aus dem Hauptgebäude in weissgetünchtem Sandstein und aus zwei Flügeln in weissem Marmor; auf der West(Stadt)seite ist eine 269 Meter lange, schöne, marmorne Terrasse angebracht worden, die auf zwei Treppen Zugang hat. Die Spitze der Kuppel ist mit einer 6 Meter hohen Freiheitsfigur gekrönt. Die Baukosten sollen 16 Millionen Dollars betragen haben.

Im Innern bildet den Hauptraum die Rotunde unter der Kuppel, ein Rundsaal von 29 Meter Durchmesser und 55 Meter Höhe, dessen Wände mit historischen Gemälden geschmückt sind. Der Sitzungssaal der Volksvertreter, Hall of Representatives, ist ein sehr einfach gehaltener Oberlichtsaal von 42 Meter Länge, 28 Meter Breite und 11 Meter Höhe mit Gallerien für ca. 2500 Zuschauer; er enthält Sitze für 352 Mitglieder.

Es soll bei den Sitzungen oft recht lärmend zugehen, und es dem Präsidenten bisweilen nicht leicht sein, die Aufmerksamkeit des Hauses auf sich zu lenken.

Das Capitol umgiebt ein 20 Hektar grosser, hübscher Park.

Die Post-Office, Hauptpostamt, ein hübscher Bau im korinthischen Stil.

Das Patentamt, Departement of the Interior genannt, ein mächtiges Gebäude, mit dorischer Säulenhalle, von 138 Meter Länge und 100 Meter Tiefe.

Das Pension-Building, Invalidenhaus, ein gewaltiger Backsteinbau mit einem Riesensaal, dessen Terrakotta-Fries die Kriegsthaten der Nation zu Wasser und zu Lande darstellt. Derselbe soll bei festlichen Gelegenheiten schon über 20 000 Personen aufgenommen haben.

Das National-Museum mit werthvollen Sammlungen von naturhistorischen und ethnographischen Gegenständen.

Die Smithsonian-Institution: sie besitzt im Erdgeschoss eine reichhaltige Collection von Vögeln, angeblich an 70000 Stück, im ersten Stock hochinteressante archäologische Sammlungen, darunter besonders vollständig die amerikanischen.

Die Fish-Commission bietet eine übersichtliche Sammlung der in amerikanischen Gewässern vorkommenden Fische sowie von Apparaten zur künstlichen Fischzucht.

Der Washington-Obelisk, 159 Meter hoch. In der inneren, hinteren Wand des Thurmes finden sich eine Anzahl eingemauerte Steine, die mit Wappen und Namen verziert sind, darunter hauptsächlich die Namen der verschiedenen Staaten; es sind dies Andenken an die Geldspender zum Bau des Obelisk. Die Aussicht von oben war recht interessant, wenn auch etwas verschleiert, besonders hübsch der Blick über die Stadt, und über die nächste Umgebung derselben den Potomac und Rock-Creek hinauf.

Bureau of Engraving and Printing, Staatsdruckerei, wo unter anderem auch Papiergeld hergestellt wird. Unser Führer, ein Herr H., geborner Mainzer, Bar-Pächter in unserm Hotel, der sich uns in liebenswürdiger Weise zur Verfügung gestellt hatte, war mit dem Chef jenes Instituts bekannt. Dank dessen fanden wir dort überall offene Thüren. Wir sahen aus weissem Papier Staatsnoten durch verschiedene Stadien bis zur Vollendung entstehen und ebenso unbrauchbar gewordene Werthpapiere, — Greenbacks —, in einer Riesenstampfe vernichten; es war das alles recht interessant! In den verschiedenen Arbeitsräumen und auch in den Bureaux war fast nur weibliches Personal angestellt.

United-States-Treasury, Staatsschatz, ein gewaltiger Prachtbau im griechischen Stil mit weiten Corridoren und hellen, luftigen Bureaux. Unter unserem bewährten

Führer hatten wir auch hier überall Zugang, so in den Keller, woselbst zwei mächtige, eiserne Thüren zu den Schätzen führten. An beiden waren grosse Staatssiegel angebracht, weil der Schatzminister, der unter dem neuen Präsidenten Cleveland erst kürzlich ernannt worden war, den Staatsschatz noch nicht übernommen hatte. In einem der Bureaux wurde jedem von uns ein Packet Staatsnoten, à 1000 Dollars, im Werthe von 1 Million Dollars auf die Hand gelegt: dabei verspürte man doch ein eigenartiges, fast kitzliches Gefühl!

State-War- and Navy-Department-Building, Ministerium des Auswärtigen, des Kriegs und der Marine, ein weitläufiges, hübsches Gebäude in französischem Renaissancestil mit weiten Gängen und geräumigen, hellen Amtszimmern.

Dicht dabei liegt die **Executive-Mansion,** der Sitz des jeweiligen Präsidenten der Vereinigen Staaten, gewöhnlich **das Weisse Haus** genannt: ein einfach gehaltenes Gebäude in weissem Anstrich mit einer Säulenhalle. Hier hält der Präsident zwei bis drei Mal in der Woche öffentlichen Empfang, indem er jedem der Besucher beim Vorbeigehen die Hand giebt: shake hands. Es sollen sich zu jedem Empfang immer ziemlich viel Leute, meist geringeren Standes, einfinden.

An dem einen Nachmittag unseres Aufenthaltes machten wir einen Ausflug nach **Soldiers-Home, Soldatenheim,** drei Meilen vom Capitol entfernt, in einem schönen Park gelegen. Das weit sich hinstreckende Gebäude mit seinen vier blendend weissen Façaden und dem hohen viereckigen Thurm gewährt mit seiner Umgebung einen recht freundlichen Anblick. Es ist zur Aufnahme von alten Soldaten (Invaliden) bestimmt; zur Zeit waren daselbst gegen 700 Veteranen untergebracht. Darf man nach dem Aussehen der Leute, die wir sahen, schliessen, so scheinen sich dieselben dort ganz wohl zu befinden.

Rückkehr nach New-York.

Am 8. Juni, Nachmittags, kehrten wir nach New-York
zurück, wo wir gegen 9 Uhr Abends anlangten. Wir hatten
zwar auf der Fahrt im Pullman-Car eine kleine Stärkung
erhalten, jedoch das Souper gedachten wir nach unserer
Ankunft im Fifth Avenue-Hotel zu nehmen. Allein dort
kamen wir schön an: es wurde uns auf unser Begehren
einfach erklärt, die Dinnerzeit sei vorüber, und nur während
der angesetzten Speisezeiten wäre im Hotel etwas zu haben,
ausser diesen nicht das Geringste, nicht einmal eine Tasse
Café oder Thee! Es blieb uns daher nichts anderes übrig,
wollten wir nicht hungrig zu Bett gehen, als unsere müden
Glieder noch zum Restaurant Görwitz zu tragen, woselbst
uns die recht guten Speisen und Getränke ganz vorzüglich
mundeten.

Unser Aufenthalt an der atlantischen Küste ging dem
Ende entgegen: für New-York blieben uns nur noch zwei
Tage. Am Tage nach unserer Rückkehr fand dort ein grosser
Pferdemarkt, — Horse-Fair —, statt, den wir selbstverständ-
lich besuchten. In der eigens hierfür hergerichteten Renn-
bahn wurden die Pferde vorgeritten; die meisten stammten
aus dem fernen Westen und aus Connecticut. Ganz beson-
ders hervorragend waren die Leistungen der Springpferde;
Hindernisse, 1,50 Meter hoch, fest, Doppelhürde und Jrish-
Wall ebenso hoch, wurden meist spielend genommen; recht
Gutes wurde auch unter den Tandem-Gespannen vorgeführt,
weniger unter den schwereren Carossiers und unter den
Vierspännern.

Der letzte Tag in New-York wurde dazu benutzt, auf
einer Rundtour nochmals verschiedene der interessanteren
Sehenswürdigkeiten zu besuchen.

Mittags kam die Nachricht nach New-York, dass in
Washington ein Regierungsgebäude eingestürzt sei: das
frühere Fort-Theater, in dem Lincoln ermordet wurde. An

400 Angestellte arbeiteten darin. Das Haus war schon länger als baufällig bekannt gewesen, und deshalb ein dort vorher untergebrachtes Museum der Militär-Sanitäts-Abtheilung daraus entfernt worden. Zur Unterbringung von einigen Hundert niederer Beamten hielt man es für noch gut genug! Einige 20 Personen sollen umgekommen, eine grössere Anzahl mehr weniger schwer verletzt sein.

Verschiedene Zeitungen brachten geharnischte Artikel gegen die Regierung; im Publikum herrschte grosse Erregung gegen die unverantwortliche Bummelei der Regierungsorgane; jedoch solche Stimmung hält nicht lange vor: in dem grossen Lande werden derlei Kleinigkeiten sehr schnell vergessen, und Alles geht im gewohnten, alten Geleise weiter!

Für den Abend war dem Madison-Garden ein Abschieds-besuch zugedacht. Daselbst fand ein Orchester-Concert unter Leitung des Capellmeisters Anton Seidl aus Wien statt. Es wurden nur klassische Sachen aufgeführt: aus Mascagni's Cavalleria, Leoncavallo's Pagliacci, Walküre etc., ausserdem trug eine Miss Lindt aus Wien mit einer guten Sopranstimme verschiedene Lieder vor; die Leistungen waren durchweg recht gut.

Von New-York zu den Niagara-Fällen.

Am 11. Juni sollte von New-York definitiv Abschied genommen werden. Fast drei Wochen hatten wir in der Riesenstadt verweilt. War uns auch, besonders zu Anfang, im Vergleich zur Heimat, manches fremd und unsympathisch erschienen, so hatten wir doch während unseres Aufenthaltes daselbst so vieles für uns Neues und Interessantes kennen ge-lernt, und uns auch so sehr in die Annehmlichkeiten der Gross-stadt hineingelebt, dass wir uns schliesslich dort recht wohl fühlten. Ich glaube, dass New-York einem jeden von uns in angenehmer Erinnerung verblieben ist.

Unsere Abreise erfolgte Nachmittags vom Grand-Central-

Depot der Eisenbahn aus. **Das Stationsgebäude, ein weit-
läufiger, aber wenig ansehnlicher Bau, enthält im Erdgeschoss
nur einen sehr grossen Warteraum**. Derselbe war mit
einem zahlreichen, sehr gemischten, Publikum angefüllt. Von
dem **Hin-** und **Herlaufen** der vielen Menschen herrschte daselbst eine geradezu aufregende **Unruhe; dazwischen** erklang
alle Augenblicke **das unheimliche Läuten der in der Ein-
steighalle ein-** und **ausfahrenden Lokomotive (jede Maschine
in** den Vereinigten Staaten trägt **eine grosse Glocke, die**
beim Fahren in **den Bahnhöfen** fortwährend in **Bewegung
gesetzt werden muss)** —; all dieser Spektakel war wohl im
Stande, auch **einen ruhig** angelegten Menschen in **eine ge-
wisse nervöse Erregtheit zu versetzen**. **Wir waren recht**
froh, als **wir** endlich in einem Wagner-Parlor-Car (ähnlich
den Pullman-Cars) **Platz gefunden hatten.**

Unser **nächstes Ziel waren die Niagara-Fälle**. Vier
Bahnlinien führen dorthin; **wie bedienten uns** der New-York-
**Central und Hudson-River-Railway. Der Zug, — Express-
Greased-Lightning-Train —,** legt die Strecke New-York-Nia-
gara-Falls, 462 englische Meilen, in nicht ganz 10 Stunden
zurück, d. i. in der Stunde ungefähr 50 Meilen = 80 Kilometer.

Der schnellste **Zug in den Vereinigen Staaten war**
der während der Ausstellung **in Chicago zwischen New-York**
und Chicago eingelegte Flying-Train, **der in der Stunde etwas
über 50 Meilen zurücklegte**. **Derselbe wurde aber noch
während der Ausstellung wegen Unrentabilität wieder ein-**
gestellt.

Der **gewöhnliche** Express-Zug, Vestibule-Train,
ganz aus Pullman-Vestibule-Cars bestehend und mit allem
Comfort für **die Reisenden:** Speisewagen, Bibliothek etc.,
ja sogar mit Barbier- und Badstube ausgestattet —, braucht
für die 912 Meilen **betragende Strecke New-York-Chicago**
24 Stunden, d. i. eine **Stunde für 38 Meilen.**

Die Express-Züge im Innern und Westen des

Landes haben noch geringere Geschwindigkeit: sie machen selten mehr wie 25—30 Meilen in der Stunde.

Bei unserer Abfahrt herrschte eine drückende Hitze, die durch ein bald darauf niedergehendes, heftiges Gewitter nur wenig gemindert wurde.

Die Bahn verläuft auf dem Ostufer des Hudson. Die Fahrt bis Albany, 142 Meilen, bot für uns, die wir die Tour bis West-Point schon gemacht hatten, wenig Neues. Von Albany aus verlässt die Eisenbahn den Hudson und folgt durch liebliche Gegend im Mokawkthal, — einstens Sitz der Mokawk's Indianer —, dem Mokawkfluss und Erie-Kanal bis Buffalo.

Unter den vielen Stationen finden sich stolze Namen: Amsterdam; Rom, Stadt von 15 000 Einwohnern, berühmt durch Käsefabrikation, und Syracus, eine am See Onondaga gelegene Stadt von 88 000 Einwohnern, die ihre Wohlhabenheit hauptsächlich den in der Nähe des Sees gelegenen Salzquellen verdankt.

Zwischen Rom und Syracus liegt Station Oneida, woselbst ein Fanatiker, Namens Noyes, 1847 eine communistische Niederlassung mit etwas merkwürdigen Moral-Anschauungen gründete. Durch Intervention der Unions-Regierung wurde dieselbe aufgehoben.

Buffalo soll seinen Namen von den grossen Büffelheerden haben, welche seiner Zeit jene Gegend bevölkerten. Die Jagdlust der Indianer und später die Gewinnsucht der Weissen hat diese nützliche Thierart nicht allein hier, sondern in dem ganzen Unionsgebiet nahezu ausgerottet; nur mehr im Yellostone Parc sollen noch einige Heerden vorhanden sein.

Die Stadt Buffalo, mit (1880) 255 600 Einwohnern, liegt am Ostende des Erie-Sees, an dem Ausfluss des Niagaraflusses; sie ist ein Haupthandelsplatz, ganz besonders in Kohlen. Als wir dort ankamen, hatte eine kolossale Feuersbrunst tags vorher ein grosses Kohlenlager zerstört. Der geräumige Lagerplatz war noch in weiter Ausdehnung mit glühenden Kohlenmassen bedeckt, von denen schwarze Rauchwolken emporstiegen, welche die ganze Gegend weithin einhüllten.

Die Eisenbahn führt von Buffalo am rechten Ufer des Niagara-Flusses weiter und erreicht nach 462 Meilen die Station Niagara-Falls. Wir stiegen dort in dem Hotel International ab, in welchem wir recht ordentlich untergebracht und verpflegt wurden.

Die Niagara-Fälle.

Die Niagara-Fälle, (Niagara ist ein indianisches Wort, es bedeutet „Donner der Wasser"), bieten ein Naturschauspiel dar, das in seiner Grossartigkeit einzig in der Welt dasteht. Der Rheinfall von Schaffhausen kann damit durchaus keinen Vergleich bestehen. Wenn der Amerikaner in irgend einer Weise auf sein Land zu sprechen kommt, bewegt er sich immer in den höchsten Superlativen: „in Amerika ist alles das Beste, das Schönste, das Grösste und das Wunderbarste in der Welt", — in den Niagara-Fällen hat Mutter Natur Amerika eine Sehenswürdigkeit gegeben, die in der That alles auf der Erde übertrifft.

Bei herrlichstem Wetter, aber auch bei einer drückenden Schwüle, nahmen wir die Wunder jener Gegend, die Wasserfälle des Niagara, in Augenschein. Der Fluss wird durch die Ziegeninsel, — Goat Island —, in zwei ungleiche Hälften getheilt, deren jede einen Wasserfall bildet. Die beste Aussicht über den amerikanischen Fall bietet sich vom Prospect-Point. Von links her drängen sich die gewaltigen Wassermassen des rechten, schwächeren, Niagara-Armes mit kolossaler Geschwindigkeit heran und stürzen sich mit donnerndem Getöse 50 Meter senkrecht die Felsen hinab, beim Aufschlagen dichte Nebelwolken aufwärts treibend, in denen der Sonnenschein einen gewaltigen Regenbogen bildet, — ein überwältigender Anblick.

3*

Von einem vorspringenden Felsen der Ziegeninsel, — dem Terrapin Rock —, der unmittelbar am Canadischen oder Horse-Shoe-Fall liegt, hat man den besten Blick von der amerikanischen Seite über diesen Fall. Der linke, — canadische —, Flussarm ist bei weitem breiter als der rechte:

Die Niagarra-Fälle (Amerikanischer Fall).

915 Meter : 322 Meter —; er führt auch bedeutend grössere Wassermassen als jener, doch das Gefäll ist hier nicht so stark wie dort; die Wassermasse rückt ruhiger vorwärts und fällt ungebrochen über die Ränder der in einer grossen Curve ausgehöhlten Felsen 48 Meter in die Tiefe hinab, einer ge-

waltigen, grünen, mit helleren und dunkleren Streifen ver-
zierten, Wasserwand vergleichbar.

Imponirt beim amerikanischen Fall die kolossale

Die Niagarra-Fälle (Canadischer oder Horse-Shoe-Fall).

Wucht, mit der sich das Wasser in die Tiefe hinabstürzt,
so hier die majestätische Ruhe und Gleichmässigkeit,
mit der die gewaltige Wassermasse der Tiefe zustrebt.

Ueber die Suspension-Bridge, eine 1889 erbaute, zierliche, leichtgeschwungene, Hängebrücke, gelangt man auf das canadische Ufer. Der Queens-Victoria-Park zieht sich dort $2^1/_2$ Meilen weit den Fluss hinauf. Am Table-Rock, auf der Höhe des Table-Rock-House, erhält man ein überraschend prachtvolles Bild von dem Horse-Shoe-Fall.

Ueber den Park hinaus, noch weiter stromaufwärts, gelangt man zum Old-Burning-Spring, einer Schwefelwasserstoff-Quelle: Aus einem in dem Gelasse eines Gebäudes brunnenförmig angelegten Loch im Boden entströmen mit Mächtigkeit Schwefelwasserstoffgase, die angezündet, mit hochauflodernder Flamme brennen.

Hoch interessant ist eine Fahrt auf dem Fluss zu den Fällen hin. Eine Bahn, — Inclined-Railway —, führt hinab an den Fluss. Dort wird ein kleiner Dampfer, — Maid of the mist, Nebeljungfrau, geheissen —, bestiegen, der gegen die beiden Fälle, den Amerikanischen wie den Canadischen, möglichst nahe heranfährt. Imposanter Blick auf die wild herabstürzenden Wassermassen, die, sich an den Felsen hochaufthürmend und überschlagend, mit donnerndem Getöse nach abwärts stürzen.

Gegen die von zerstäubten Wassermassen entstehenden, nass machenden, Nebel werden wasserdichte Mäntel geliehen.

Bei weitem noch interessanter ist eine Wanderung hinter den Centraltheil des Amerikanischen Falls. Von unserer Gesellschaft betheiligten sich hieran nur Leutnant v. B., Herr G. und ich. In der office of the cave of the winds, — Höhle der Winde, — wurde wasserdichte Kleidung angezogen und auf einer abwärts führenden Treppe der Fluss erreicht. Ein flussabwärts angelegter Pfad führte schnell zum Central-Fall hin. Mit uns und dem Führer hatten sich noch zwei Amerikaner zu der Tour eingefunden. Der Führer, der voran ging, forderte uns auf, uns gegenseitig fest an die Hände zu fassen, und so schlängelten wir uns alsdann, auf schmalem Fusssteig Fuss um Fuss langsam nach seitwärts schiebend, hinter den Central-Fall hindurch, das Gesicht gegen die steile Felswand gerichtet und die gewaltge Wassermasse in taubmachendem Gebrüll im Rücken. Man verspürte deutlich, wie man durch die Wucht des stürzenden Wassers, oder wohl richtiger durch den dabei entstehenden Luftdruck, mit Macht gegen den Felsen hin gedrängt wurde.

Nachdem der Wasserfall passiert war, führte der Weg über verschiedene Stege, zwischen im Fluss liegende Felsen, vor dem mittleren Fall zurück: eine sehr anregende und dabei völlig ungefährliche Wanderung, die zeitlebens im Gedächtniss verbleiben wird.

Die praktischen Amerikaner haben sich selbstverständlich die Gewalt des Wassers schon dienstbar gemacht: durch einen oberhalb des Amerikanischen Falles angelegten Kanal ist ein Theil des Wassers abgeleitet worden, durch dessen Kraft verschiedene, auf dem amerikanischen Ufer angelegte, Fabriken betrieben werden. Durch Vergrösserung der Anlage hofft man eine Wasserkraft von über 100 000 Pferdekräften für den Fabrikbetrieb zu gewinnen.

Der Fluss wird ungefähr vier Kilometer unterhalb der Fälle von zwei Brücken: die Cantilever-Bridge und die Railway-Suspension-Bridge, überspannt. An der letzteren findet sich unterhalb des Bahngleises eine Passage für Fuhrwerk und Fussgänger.

Etwas weiter flussabwärts tritt der Niagara in eine enge Felsschlucht; dort beginnen die Whirlpool-Rapids, zu deren Besichtigung man auf einer Inclined-Railway zum Flusslauf hinabfahren kann. An der schmalsten Stelle wird die Wassermasse durch einen, nur 90 Meter breiten, Engpass mit solcher Gewalt hindurchgetrieben, dass die Wasserfläche eine convexe Form annimmt, und in der Mitte oft Wellenberge von 8—10 Meter Höhe entstehen, — ein eigenartiges, unvergleichliches Schauspiel! Eine Meile unterhalb der Hängebrücke bildet der Fluss, der dort nur gegen 70 Meter breit ist, bei einer fast rechtwinkligen Wendung einen gewaltigen Wirbel, den „Whirlpool".

Nach Queenstown.

Auf dem canadischen Ufer führt eine elektrische Bahn nach Queenstown. Die Fahrt bietet vielfach hübsche Blicke in die Schlucht des Niagara und auf die Whirlpool-Rapids. Vor Queenstown bemerkt man auf einer Anhöhe ein Denkmal, welches zum Andenken an den englischen General Brock, der dort im Kampfe gegen die Indianer fiel, errichtet wurde. Queenstown selbst bietet nichts Besonderes.

Zu den Tuscarora-Indianern.

Die Reservation der Tuscarora-Indianer liegt 8 Meilen nordöstlich von den Niagara-Fällen. Ein Wagen brachte uns auf schlecht gehaltenem Fahrweg dorthin. Die ganze Niederlassung machte einen recht verwahrlosten Eindruck. Sie besteht aus einem langgestreckten Ort, durch welchen nur eine einzige, breite, in miserablem Zustande befindliche Strasse führt. Rechts und links davon liegen, in Abständen von 200—300 Meter von einander, die elenden Hütten, welche meist aus Holz erbaut sind. Der zwischen den Hütten liegende, freie Raum war fast allenthalben mit wucherndem Unkraut bewachsen. Gegen die Mitte des Ortes fanden sich einige, etwas grössere, Häuser mit kleinen Vorgärten; auch eine kleine Kirche mit niederem Thurm und ein breiteres, einstöckiges Gebäude, die Schule. Der ganze Ort war wie ausgestorben; ausser einigen Hühnern und bellenden Hunden war kein lebendes Wesen zu bemerken. Wir versuchten in eines der besser aussehenden Häuser Einlass zu gewinnen; erst auf mehrmaliges Anklopfen wurde von einer ältlichen Frau aufgemacht. In dem ärmlich eingerichteten Zimmer, in

welches wir geführt wurden, fanden sich noch einige Weiber
und Kinder. Die Weiber zeigten das charakteristische breite,
gelblich-rothe, Gesicht der Rothhäute. Sofort wurden Ver-
kaufsgegenstände: einfache Stickereien mit Glasperlen und
geflochtene Körbchen, die Arbeit der Weiber, vor uns aus-
gebreitet, von denen wir um wenige Cents einiges erstanden.
Wir erfuhren dort, dass im ganzen Ort fast nur Weiber und
Kinder anwesend waren, die Männer arbeiteten auswärts,
um Geld zu verdienen. Der Ausflug war im Ganzen recht
wenig lohnend.

Nach Chicago.

Zu unserer Weiterreise von Niagara-Falls nach Chicago
waren Plätze für den am 14. Juni eintreffenden Nacht-
Expresszug schon in New-York bestellt worden. Die Abfahrt von Niagara-Falls sollte 10 Uhr Nachts erfolgen.

An jenem Abend herrschte in userm Hotel grosse
Aufregung: Die spanische Prinzessin Eulalia hatte für den
Abend dort ihre Ankunft melden lassen. Um den hohen
Gast würdig zu empfangen, wurden die Gänge und Treppen,
vom Haupteingang an, mit Blumenguirlanden und Emblemen
in spanischen Farben geschmückt. Vor dem Hotel hatte
sich eine grosse Menschenmasse angesammelt. Um 9 Uhr
fuhr ein Wagen mit der spanischen Princess und ihrem
Gemahl vor. Wir hatten noch gerade Gelegenheit, die hohen
Gäste zu sehen, dann mussten wir unsere Wagen zur Fahrt
nach dem Bahnhof besteigen.

Der mit Verspätung eintreffende Zug war sehr besetzt,
und nur mit grosser Mühe erkämpften wir uns unsere Plätze
in einem Schlafwagen. Der Platzmeister in den Pulman-
Cars behandelte uns anfangs als Luft; er schien auf ein
entsprechendes Trinkgeld zu warten, — unser Führer, noch
immer Herr G., hatte dieses wohl vergessen —; erst nach
längerer Zeit und auf energisches Schimpfen wurden an
unsern Plätzen die Betten hergerichtet.

Trinkgelder spielen in Amerika eine sehr grosse Rolle; wer angenehm dort reisen will, thut gut, damit nicht zu geizen: mit einem Dollar in der Hand findet man allüberall freundliches Entgegenkommen. In jenem Lande, wo selbst der niedrigste Diener mit Selbstgefühl von sich sagt: I am a gentleman too, — auch ich bin ein Gentleman —, findet es ein Jeder selbstverständlich, für jede Dienstleistung Trinkgelder zu erhalten.

Die Schlafwagen sind recht comfortabel eingerichtet. Der Wagen wird durch einen in der Mitte führenden Gang in zwei Theile getheilt. In jedem Halbcoupé lassen sich zwei Betten, eines unten und eines oben, aufschlagen; sonach ist jedes Halbcoupé nur für zwei Personen, auch für die Tagesfahrt, bestimmt. Es existirt kein besonderes Abtheil für Damen, sondern jeder, ob Dame oder Herr, hat seinen Platz nach erhaltener Nummer beim Kauf des Fahrscheins einzunehmen, so dass für die Nacht oft Damen, mittelst Leiter, in ein oberes Bett steigen müssen, wo im unteren ein Herr schläft. Die Halbcoupés werden nach der Gangseite nur durch verschiebbare Vorhänge geschlossen. An den beiden Kopfseiten des Wagens finden sich Waschräume: die eine Seite für die Damen, die andere für die Herren bestimmt. In der Frühe müssen sämmtliche Damen eines Wagens zur Vornahme der Toilette nach der einen, die Herren nach der anderen Seite wandern; dabei lässt sich's dann zuweilen nicht vermeiden, dass, sonst ängstlich gehütete, Toilettengeheimnisse indiskreter Weise verrathen werden.

Erst nach einstündiger Verspätung erfolgte die Abfahrt nach Chicago, wo wir andern Tags gegen 12 Uhr Mittags am Michigan-Bahnhof, — Illinois-Central-Station —, anlangten. Der Zug legte demnach die Strecke-Niagara-Falls-Chicago, etwas über 500 Meilen, in 13 Stunden zurück, dass ist 38 Meilen pro Stunde. Der Michigan-Bahnhof lag für uns in der entgegengesetzten Richtung von Chicago; wir durchfuhren die Stadt fast in ihrer ganzen Länge und er-

hielten dabei schon einen Ueberblick über einen grossen
Theil der Stadt und über den Ausstellungspark. (Wir mussten
zum Michigan-Bahnhof, weil sämmtliches Gepäck dorthin
beordert war. Erst während der Fahrt durch die Stadt
erschien ein Beamter der Gepäck-Besorgungs-Gesellschaft,
nahm die Gepäckmarken in Empfang und notirte sich den
Namen unseres Hotels.)

Gepäck-Besorgungs-Gesellschaften giebt es allenthalben in den Vereinigten Staaten und müssen als eine vorzügliche Einrichtung bezeichnet werden. Man hat sich bei
einer Reise um sein Gepäck gar nicht zu bekümmern: die
Gesellschaft lässt die Gepäckstücke von der Wohnung oder
vom Hotel abholen, schafft dieselben zur Bahn und giebt
sie dort auf. Am Bahnhof erhält man bei der Zahlung
Marken als Pfand. Vor Ankunft am Bestimmungsort erscheint
ein Beamter der Gesellschaft und fragt, ob Gepäck zu besorgen ist. Diesem giebt man die Marken und erhält dagegen andere. Die Gesellschaft besorgt alsdann die Gepäckstücke in kürzester Zeit in das bestimmte Hotel. Das Honorar
für die Gepäckbesorgung wird nach Anzahl der Koffer berechnet. Der praktische Amerikaner reist deshalb gewöhnlich nur mit einem Gepäckstück, und da erscheinen dann
bisweilen Koffer von unglaublichen Dimensionen. An Sonn-
und Feiertagen ist die Einrichtung weniger angenehm, da
an diesen Tagen, der strengen Sonntagsruhe wegen, keine
Gepäckwagen verkehren; indessen mit einem entsprechenden
Trinkgeld lässt sich auch da leicht abhelfen.

Unterkunft in Chicago.

Für uns war im Park-Gate-Hotel Quartier bestellt worden.
Wir mussten, um dorthin zu gelangen, vom Michigan-
Bahnhof fast durch die ganze Stadt zurück und kamen
erst nach 1 Uhr im Hotel an. Nach dem Reiseplan sollten
wir im Palmer-House, einem der ersten Hotels in der inneren

Stadt, Wohnung nehmen; jedoch die Mehrzahl unserer Gesellschaft hatte sich schon während des Aufenthaltes in New-York
für das Park-Gate-Hotel entschieden. Dieses war, wie noch
mehrere andere, für die Ausstellung neu erbaut worden.
Es lag an der 64. Street, am Jackson-Park, in unmittelbarer
Nähe der Ausstellung. Das hatte ja gewiss seine Vortheile,
da man in wenigen Minuten vom Hotel zum Haupteingangs-
thor der Ausstellung gelangen konnte; jedoch gerade diese
Lage hatte auch manches Unangenehme im Gefolge.

Es herrschte in jener Gegend ein kolossales Leben und
Treiben: in der Strasse vor dem Hotel verliefen mehrere
Linien der Elektrischen — und der Pferdebahn, und ausserdem
verkehrten auf einer Hochbahn, in der Höhe des zweiten
Stockwerks, alle fünf Minuten Züge bis in die Nacht hinein.
Um dem Spektakel an der Strasse möglichst zu entgehen,
liessen wir uns Zimmer nach rückwärts geben. Aber auch
dort gab es keine Ruhe. Auf einem, hinter dem Hotel gelegenen, Platz hatte sich, wie auf einem Jahrmarkt, eine
grosse Anzahl von Schaubuden, Caroussels etc. niedergelassen,
nnter denen Buffallo Bills Wild-West den bei weitem grössten
Raum einnahm; dicht unter meinem Fenster befand sich
eine russische Schaukel. In den meisten dieser Buden
herrschte ein Heidenlärm bis in die Nacht hinein. Doch der
Mensch gewöhnt sich schliesslich an Alles, und schon nach
wenigen Tagen war man gegen das tolle Treiben mehr oder
weniger abgestumpft. Ein weiterer Uebelstand des Hotels
war seine grosse Entfernung von der Stadt, die über sechs
Meilen betrug. Da aber die Ausstellung an den meisten
Tagen schon gegen Abend geschlossen und im Hotel keine
Unterhaltung geboten wurde, so war man auf den Besuch
der Stadt angewiesen; natürlich war es dann gerade nicht
angenehm, dass man bei Nachtzeit zur Rückkehr noch über
eine Stunde mit der Hochbahn zu fahren hatte.

Mit der Unterkunft im Hotel konnte man zufrieden sein;
die Zimmer waren geräumig, die Betten gut, die übrige

Einrichtung einfach, aber hinreichend; weibliche Bedienstete hielten in ausgiebiger Weise die Zimmer in Ordnung. Die Verpflegung war weniger gut; die Speisekarte bot zwar eine grosse Auswahl an Speisen; allein dieselben waren nicht zum besten zubereitet. Dazu kam, dass im Speisesaal eine Schaar Schwarzer die Bedienung besorgte, eine faule Gesellschaft, die bei der andauernden, schwülen Witterung immer schweissbedeckt erschienen und dabei einen, der schwarzen Rasse eigenen, widerlich süsslichen, Duft verbreiteten, der nicht gerade appetitreizend wirkte.

Die Stadt Chicago.

Chicago ist die grösste Stadt im Staate Illinois, aber nicht Hauptstadt; dieser Rang gebührt dem, nur 25 000 Einwohner zählenden, Springfield. Die Stelle von Chicago nahm noch bis zu Anfang dieses Jahrhunderts ein grosser Sumpf ein. 1804 wurde dort das Fort Dearborn angelegt, um welches sich nach und nach Ansiedler niederliessen. Im Jahre 1831 zählte der kleine Ort nur 100 Einwohner; 1870 hatte sich Chicago schon zu einer Grossstadt mit 396 000 Einwohnern emporgeschwungen. In jenem Jahre brach daselbst eine ungeheure Feuersbrunst aus, die in drei Tagen 17 500 Häuser einäscherte. Das Feuer gewann eine solch gewaltige Ausdehnung, weil damals fast sämmtliche Häuser aus Holz erbaut waren.

Die Stadt erholte sich sehr schnell von dem Unglück. Aus dem grossen Trümmerhaufen stieg in wenigen Jahren eine ganz neue Stadt empor, mit mächtigen Steinbauten und herrlichen Anlagen, weit schöner als die zerstörte. In Chicago entstanden zuerst die himmelanstürmenden Riesenbauten, dort sky-scrapers (Himmelsstürmer) genannt, bei denen das ganze Gerüst Stahlschienen bilden und das Mauerwerk nur zur Ausfüllung dieses Gerüstes zu dienen hat. Gebäude von 10, 12 und 14 Stockwerken sind dort keine

Seltenheit; der in der State-Street gelegene Masonic-(Frei-
maurer-) Tempel hat sogar die gewaltige Höhe von 21 Stockwerken.

Chicago zählte im Jahre 1890 schon fast 1 100 000 Einwohner, worunter über ein Dritttheil Deutsche; sie ist die
zweitgrösste Stadt der Union. Ihre Lage am Michigan-See,
an dessen Ufern sie sich in einer Ausdehnung von 22 Meilen
hinstreckt, ist sehr hübsch. Eine Anzahl Parks, die durch
Boulevards unter einander verbunden sind, bilden eine Haupt-
zierde der Stadt. Zu den grösseren gehören: der Jackson-,
Washington- und Lincoln-Park; letzterer, der erst vor wenigen
Jahren angelegt wurde, ist über 100 Hektar gross. Die
Hauptverkehrsstrasse ist die State-Street; dort liegen auch
die bedeutendsten Geschäftshäuser. Die hübschsten Privat-
häuser finden sich in den Boulevards, besonders in dem
Michigan- und Drexel-Boulevard und auch in der Lake-Shore-
Drive: der Corsostrasse von Chicago.

An hervorragenderen Sehenswürdigkeiten bietet die Stadt
nicht viel. Von Monumentalbauten ist an erster Stelle das
Auditorium-Hotel zu nennen. Das mächtige, 10 Stock
hohe, Gebäude liegt in schöner Lage am See in der Michigan-
Avenue. Es besitzt 500 Zimmer, bezüglich deren Ausstattung
nichts gespart worden ist; eine Anzahl Lifts (10) vermitteln
den Verkehr der Stockwerke mit einander. Im vierten Stock
findet sich eine Flucht luxuriös-eingerichteter Parlors, —
Salons —, der Speisesaal liegt noch einige Stock höher. Das
Haus enthält ausser dem Hotel noch mehrere Kaufläden;
eine Concerthalle und das grösste Theater der Stadt. Der
Theatersaal bietet Raum für über 5000 Personen, er besitzt
4000 Sitzplätze. Von dem 82 Meter hohen Thurm hat man
eine hübsche Aussicht über die Stadt und den See.

An dem Tage, an welchem wir den Thurm besuchten,
war ein, dicht bei dem Hotel gelegenes, grösseres Geschäftshaus, — eine Teppichhandlung —, durch eine Feuersbrunst
zerstört worden. Einige Dampffeuerspritzen waren noch in

Thätigkeit. Von dem ganzen Gebäude stand nichts mehr als das eiserne Gerippe: die meisten Stahlbalken und -Schienen waren durch die Glut des Feuers mehr oder weniger stark verbogen.

Von der Brandstätte her stiegen noch immer dichte Rauchwolken empor, die einen längeren Aufenthalt auf dem Thurm unmöglich machten.

Dem Hotel gegenüber, in der Congress-Strasse, liegt die Congress-Hall, eine erst fertig gewordene Dependance des Auditorium, welche mit diesem durch einen, unter der Strasse führenden, Tunnel in Verbindung steht.

Ich habe mit Lieutenant v. B. einige Male im Auditorium-Hotel dinirt, aber nicht in dem Dining room, sondern in dem zu ebener Erde gelegenen, grossen Restaurationssaal, weil dort, nach Aussage des Hotel-Direktors, das Essen besser sein sollte, als bei der Table d'hôte. Was wir dort bekamen, sowohl an Speisen wie an Getränken, war vorzüglich; es bildete für uns eine höchst angenehme Abwechslung gegen die Verpflegung im Park-Gate-Hotel. Die Preise waren dem Range des Hotels entsprechend, aber nicht übermässig hoch.

An einem Abend besuchten wir auch mit einander das Theater im Hotel; es wurde ein grosses Ausstattungsstück: „Amerika" gegeben, in welchem eine Anzahl der für das Land wichtigsten Momente, — von der Entdeckung durch Columbus an, — in Bildern, Aufzügen und Tänzen vorgeführt wurden. Verschiedene der Scenen, bei denen oft über 1000 Personen zugleich auf der Bühne erschienen, waren vorzüglich arrangirt und von grossartiger Wirkung. Das Haus war vollständig ausverkauft; das Publikum folgte den Darstellungen mit lebhaftem Interesse und unter begeisterten Beifallsbezeugungen.

Unter den bedeutenderen Bauten der Stadt verdienen noch genannt zu werden:

Hotel Palmer-House, dem Oberst Palmer gehörend,

ein in der State-Street gelegenes, mächtiges Gebäude mit über 700 Zimmern.

Der Masonic-(Freimaurer-)Tempel, ebenfalls in der State-Street.

Die City-Hall, Rathhaus, ein grossartiger Bau im französischen Renaissance-Stil, der einen ganzen Strassenblock einnimmt.

Das Custom-House and Post Office, Post- und Hauptsteueramt, welches ein gewaltiges Häuserquadrat bildet.

Weithin berühmt sind die Union-Stockyards, der Schlacht- und Viehhof Chicagos. Der jährliche Zutrieb wird auf 3—4 Millionen Stück Rindvieh, 8—9 Millionen Schweine, 2—3 Millionen Schafe und 100 000 Pferde geschätzt. Weit über die Häfte des Viehs wird in den Yards geschlachtet. Im Ganzen sind daselbst an 25 000 Arbeiter in Thätigkeit. Das grösste Exporthaus, Armour & Co., beschäftigt allein 7900 Mann; es schlachtete im Jahre 1890 712 000 Stück Rindvieh, 1 714 000 Schweine und 413 000 Hämmel. Die Einrichtungen zum Schlachten der Thiere sollen höchst vollkommen sein und sehr rasch funktioniren, so dass in unglaublich kurzer Zeit ein Stück geschlachtet, zerlegt, in Conservenbüchsen verpackt und zum Versandt bereit gestellt sein soll! Meine Reisegesellschaft stattete den Stockyards, die fünf Meilen von der Stadt entfernt liegen, einen Besuch ab; ich verzichtete darauf und zog es vor, an dem Tage die Ausstellung zu sehen.

Ein beliebter Ausflug von Chicago ist eine Tour nach Milwaukee, wohin man sowohl mit der Eisenbahn wie zu Schiff gelangen kann. Von uns war an einem Tage diese Parthie zu Wasser geplant. Ein grosser, luxuriös ausgestatteter, Dampfer sollte uns dorthin bringen. Vor unserer Ankunft ging ein ungemein heftiges Gewitter nieder; der Regen floss in Strömen und der See wurde sehr unruhig. Wir langten ziemlich pünktlich vor Milwaukee an; jedoch es herrschte im Hafen eine so starke, conträre Strömung, dass unser Schiff, trotz Beihilfe eines Bugsir-Dampfers, erst nach einstündiger Verspätung zu landen vermochte. Wegen der schon vorgerückten Tageszeit, — 3 Uhr Nachmittags —, und des anhaltenden Regens zogen wir es vor, mit dem nächsten Zuge wieder nach Chicago zurückzukehren.

Die Weltausstellung 1893.

Chicago wurde im Jahre 1893 durch die grosse Welt-ausstellung der interessanteste und besuchteste Ort von ganz Amerika. Der Amerikaner nannte die Ausstellung „World-Fair". Die Ausstellungs-Commission hatte lange darüber berathen, wie man das Unternehmen benennen sollte. Man wollte um jeden Preis einen Ausdruck vermeiden, der die Bedeutung von Welt-Jahrmarkt haben könnte, und doch fand man schliesslich keinen anderen, wie gerade diesen: World-Fair, das ist: Weltmarkt!

Es ist nicht meine Absicht, eine eingehendere Beschreibung von der Ausstellung zu geben; das ist schon genugsam von anderer Seite geschehen; ich beschränke mich vielmehr auf einige allgemeine Bemerkungen.

Als Platz für die Ausstellung war einer der schönsten Parks der Stadt, der Jackson-Park, ausersehen worden. Die Wahl dieses Parks, welcher reizend, direkt am Michigan-See, ge-legen ist und verschiedene kleinere Seen enthält, war ungemein günstig. In diese schon vorhandene, hübsche Anlage wurde nun, in sehr gelungener Weise, eine ganze Stadt von herr-lichen Bauwerken, die meisten als Paläste im klassischen Stil, hineingebaut, welche in ihrer blendend weissen Farbe wie ebenso viele Marmorschlösser erschienen.

Bei der Anfahrt vom See her bot die Anlage als Ganzes, — white City, die weisse Stadt, genannt —, einen geradezu feen-haften Anblick. Durch ihre äussere Erscheinung soll sie die früheren Weltausstellungen, die verschiedenen Pariser mit inbegriffen, weitaus überragt haben.

Was nun die Ausstellungen der verschiedenen Länder betraf, so herrschte darüber nur ein Urtheil, dass Deutschland, in jeder Beziehung, bei weitem der erste Preis zuerkannt werden müsse. Ein Herr unserer Gesellschaft war merkwürdiger Weise anderer Ansicht; er bemängelte fast alles, was von Deutschen herrührte. Verschiedene Staaten hatten dort Bauten in einem, ihrem Lande eigenartigen, Stil errichten lassen; so war auch von Deutschland ein Deutsches Haus des Mittelalters aufgeführt worden, ein Gebäude in Fachwerk mit spitzen Giebeln, das weisse Mauerwerk in charakteristischer Weise bemalt. Jeder, der das Haus sah, sprach seine Anerkennung aus über das eigenartige, hübsche, fast wie lustig auf die fremdartige Umgebung schauende, Bauwerk. Nicht so unser Reisegefährte. Er behauptete, das Haus sähe aus wie eine bayrische Bierkneipe; wenn man nichts anderes zu bieten vermochte, würde man besser auch das weggelassen haben.

In dem Kunst-Ausstellungsgebäude, Building of fine arts, fand er die Ausstellungen aller Nationen bewundernswerth und gerieth geradezu in Begeisterung über die Leistungen der Franzosen. Ueber die deutsche Abtheilung äusserte er: dort habe er nicht viel mehr gesehen wie alte Ladenhüter! Und doch waren daselbst, abgesehen von recht tüchtigen Leistungen jüngerer Künstler, unsere besten, älteren Meister durch eine grosse Zahl wahrer Prachtwerke vertreten. Ich nenne nur Mentzel, Knauss, Kallmorgen, Keller, Defregger, Fink, Grützner, Lenbach, Gabr. Max, Schleich, Uhde, Wenglein, E. Zimmermann. Wo bleibt da in der Kritik die Gerechtigkeit? Es ist leider ein Erbfehler bei uns Deutschen: alles lobend in den höchsten Himmel zu erheben, was aus der Fremde kommt, dagegen das Einheimische möglichst tief herabzusetzen!

Die Eröffnung der Ausstellung war officiell auf den 1. Mai festgesetzt worden. Es soll aber damals dort noch recht wüst ausgesehen haben: anstatt einer Ausstellung für Kunst und Gewerbe, **Berge von** gefüllten und leeren Kisten und allüberall eine fürchterliche Unordnung. Bei unserer Ankunft in Chicago, am 15. **Juni,** also über sechs Wochen nach der Eröffnung, hofften wir daselbst im Grossen und Ganzen fertige Verhältnisse anzutreffen. Doch damit hatte **es** noch gute Wege. Ganz vollendet fanden wir einzig und allein die deutsche Ausstellung. Die Vollendung derselben wurde am 15. Juni auf dem Ausstellungsplatz festlich gefeiert. Alle übrigen Abtheilungen waren mehr oder weniger **unvollständig;** in dem für den Staat New-York abgegrenzten **Raum, in der Kunst-** und Gewerbehalle, herrschten noch geradezu chaotische Zustände.

Der Plan **zur Ausstellung war in** wahrhaft kühner und grossartiger Weise entworfen **und** auch in herrlichster Art ausgeführt worden; **um so** mehr **musste** man bedauern, dass engherziger Bureaukratismus und anglo-amerikanischer Puritanismus **sich vielfach in** recht störender Weise in den **Betrieb der Ausstellung einzumischen suchte. So** war allen Ernstes geplant, die in Amerika streng eingehaltene Sonntagsruhe auch auf die Ausstellung auszudehnen, d. h. dieselbe an Sonn- und Feiertagen zu schliessen. Doch dagegen erhob sich ein so **gewaltiger Widerspruch, dass der definitive Bescheid darüber in der Schwebe gehalten wurde.

Eine andere Beschränkung wurde **dagegen desto ängstlicher durchgeführt: nämlich **die Schliessung der Ausstellung bei** anbrechender Dunkelheit. **An gewöhnlichen Tagen wurden Punkt 7 Uhr **die Thüren der** Ausstellungspaläste geschlossen, das Publikum drängte den Ausgängen zu, und **bald** lagerte Todtenstille über der glänzenden Stadt der Paläste.

In **den** acht Tagen unserer Anwesenheit in Chicago blieb die Ausstellung an zwei Abenden geöffnet. Das waren herrliche Festabende: Eine dicht gedrängte Menschenmasse wogte durch die weiten Strassen der Feststadt; Tausende von

elektrischen Lampen in den Strassen, elektrische Sonnen auf
den Dächern der Ausstellungsgebäude, elektrisch-beleuchtete
Fontänen in den Seen, alles das verbreitete über den Ausstellungspark ein Lichtmeer so intensiv und so mannigfaltig,
dass man sich in ein Feenreich versetzt glauben konnte.
Das zahllos versammelte Publikum, in allen Lebensaltern
und den verschiedensten Lebensstellungen angehörend, wahrte
eine geradezu musterhafte Haltung; auch nicht der kleinste
Misston störte das Fest, auf allen Gesichtern gewahrte man
gehobene Feststimmung.

Das waren auch für uns wahre Feiertage; um so mehr
bedauerten wir, dass an den anderen Abenden die Feststadt
ganz verödet dalag.

Für Verkehrsmittel war auf dem weiten Ausstellungsplatz nicht die Vorsorge getroffen worden, wie man das bei
einem so grossartigen Unternehmen wohl hätte erwarten
dürfen. Es lief zwar um den ganzen Ausstellungspark herum
eine Hochbahn mit einem Dutzend Haltestellen, aber trotzdem war es nicht leicht, in verhältnissmässig kurzer Zeit an
einen bestimmten Ort der Ausstellung zu gelangen. Ausserdem gab es in der Nähe der Eingangsthore Halteplätze für
Handwagen und Tragbahren; jedoch diese mussten gleich
beim Eintritt für den ganzen Aufenthalt in der Ausstellung
gemiethet werden, sonst aber war in dem weiten Ausstellungspark keinerlei Beförderungsmittel zu finden. Das machte
sich um so unangenehmer bemerklich, weil auf dem ganzen
Ausstellungspark nur zwei Restaurationen vorhanden waren
und ausserdem jede Gelegenheit zur Erholung fehlte.

Die praktischen Amerikaner wussten sich da leicht zu
helfen: sie erschienen, wie zu einer grossen Reise ausgerüstet,
mit Koffern und Körben, in welchen sie Proviant herum-
schleppten. Gelegentlich lagerten sie sich auf den Treppen
der Ausstellungsgebäude und hielten dort Mahlzeit.

In echt puritanischem Geiste hatte man die Restaurationen, — abgesehen von zwei geduldeten —, mit den übrigen

Vergnügungslokalen, als Aergerniss erregend, aus dem Ausstellungspark verbannt und sie in die Midway-Plaisance, die Verbindungsstrasse zwischen dem Jackson- und Washington-Park, verwiesen. Dieselbe war ebenso eingefriedigt wie die Ausstellung und konnte nur von dieser aus besucht werden.

Dort herrschte an den Abenden, wo die Ausstellung geöffnet war, der tollste Jahrmarktstrubel. Eine Unmasse Schaubuden mit allen möglichen Schaustücken hatte sich daselbst angebaut; in der Strasse von Cairo konnte man sich in die Muski, — die Hauptstrasse von Alt-Cairo —, versetzt glauben. Auch waren dort ganze Ortschaften angelegt, so ein javanisches Dorf; eine Lappländer Colonie; ein deutsches Dorf, in welchem zwei deutsche Capellen, die eine in der Uniform der Garde du Corps, die andere in der Uniform des Königin Elisabeth-Regiments, concertirten; endlich auch ein Stück „Alt Wien", wo der österreichische Capellmeister Zierer mit einer vorzüglichen Capelle, in Uniform, Concerte gab. Zwischen allem diesem eine Unzahl von Caroussells verschiedenster Art, unter welchen eine Russische Schaukel von Riesendimensionen, weithin sichtbar über die ganze Ausstellung, emporragte und gewissermaassen als Wahrzeichen der Ausstellung angesehen werden konnte. Dieselbe vermochte mehr Menschen aufzunehmen als der grösste Eisenbahnzug. Sie war ganz aus Eisen gebaut; zu dem Bau sollte, wie die Amerikaner mit einem gewissen Stolz behaupteten, mehr Eisen verwendet worden sein als zum Eifelthurm.

Die nahe Lage unseres Hotels zu der Ausstellung wurde recht fleissig von uns ausgenutzt. Ich habe in den acht Tagen unseres Aufenthaltes in Chicago die Ausstellung, mit einer einzigen Ausnahme, täglich besucht. Wir hatten in verhältnissmässig kurzer Zeit eine Unzahl von herrlichen und hochinteressanten Bildern an unseren Augen vorüberziehen gesehen, fühlten uns aber schliesslich durch die

Menge des Erschauten und die vielen fremden Eindrücke, die von allen Seiten auf uns einstürmten, so ermüdet und abgespannt, dass wir Alle recht froh waren, als die Abschiedsstunde von Chicago für uns geschlagen hatte.

Von Chicago nach St. Louis.

Am 22. Juni erfolgte unsere Abreise nach St. Louis. Tags zuvor war Herr Louis Stangen mit einer Reisegesellschaft von New-York angekommen; er trat von da ab seine Thätigkeit als unser Reiseführer an. Herr Lieutnant B. blieb in Chicago zurück, um in einigen Tagen die Rückreise nach Europa anzutreten.

Die Fahrt bot bis Alton (257 Meilen) wenig Bemerkenswerthes. In weiter Ebene wechselten Wiesen, Waldparzellen, Weizen- und Maisfelder. Nach 185 Meilen erschien die Hauptstadt von Illinois, Springfield, welches durch den schönen Kuppelbau seines Kapitols auffiel. Bei Alton erreichten wir den Mississippi, zu deutsch: Der Vater der Gewässer, einen der grössten Ströme der Welt mit einem Lauf von 2616 Meilen Länge und einem Stromgebiet von $1^1/_2$ Millionen Quadrat-Meilen. Die Bahn führte nun weiter den Fluss entlang und setzte bei St. Louis auf einer gewaltigen Brücke über denselben. Gegen 7 Uhr Abends langten wir in St. Louis an. Die Strecke Chicago-St. Louis, 283 Meilen war in $8^1/_2$ Stunden zurückgelegt worden.

St. Louis.

Wir fanden dort Aufnahme im Lindell-Hotel, wo uns im ersten Stock geräumige, sehr hohe, Zimmer angewiesen wurden. Das Hotel, ein mächtiger Bau an der Washington-Avenue, war seiner Zeit mit allem Luxus eines Hauses erster Classe erbaut und eingerichtet worden. Doch sowohl das vernachlässigte Aeussere des Gebäudes, wie besonders der mangelhafte Zustand des Meublements und die Unreinlichkeit in den Zimmern gaben Zeugniss dafür, dass das Hotel heruntergekommen war und schlecht verwaltet wurde. Geradezu abscheuliche Verhältnisse fanden sich an den Waschvorrichtungen in den Zimmern: die Wasserleitung lieferte eine unsaubere, buchstäblich schwarze, Brühe, die selbst nach längerem Stehen nicht einmal in den oberen Schichten heller wurde. Der herbeigerufene Oberkellner erklärte, das Wasser der städtischen Leitung komme direkt und unfiltrirt aus dem schmutzigen Mississippi; man finde in der ganzen Stadt nirgendwo Wasser von besserer Beschaffenheit! Er rieth uns, falls wir das Wasser zum Waschen nicht geeignet hielten, doch Eiswasser zu bestellen. Dieser Rath wurde befolgt; da aber fast nur Eisklumpen gebracht wurden, konnte eine ausgiebige Waschung gar nicht vorgenommen werden.

Am 23. Juni machten wir bei herrlichstem Wetter eine Rundfahrt durch die Stadt. Die Strassen befinden sich in dem denkbar schlechtesten Zustand; die mit einer schmutziggrauen, bis kohlschwarzen, Farbe versehenen Häuser sind meist mehr oder weniger reparaturbedürftig; verschiedene der grösseren und hübscheren Gebäude, die bei ihrer Erbauung sicherlich zu Besserem bestimmt worden waren, dienen als Magazine; die Strassenlaternen hängen vielfach in sehr gewagten Stellungen an den Häusern; die Telegraphenstangen in den Strassen neigen nach den verschiedensten Richtungen hin, — kurzum der Gesammteindruck der Stadt war ein recht jammervoller und gab, zusammen mit der dürftigen Wasserleitung, ein recht bedenkliches Bild von dem Wirken der städtischen Verwaltungsbehörden.

Eine angenehme Abwechslung auf der Fahrt bot der Besuch des Tower-Grove-Parc, ein grosser, geschmackvoll angelegter Garten mit den Broncestatuen von Columbus, Humboldt und Shakespeare: alle drei aus der Erzgiesserei von Miller in München. Neben dem Park liegt der Shaw- oder Missouri-Botanical-Garden, welcher der Stadt von einem Herrn

Shaw geschenkt wurde, ein von geschickten Gärtnern vorzüglich gehaltener Ziergarten mit grossen Treibhäusern und hübschen Teppichbeeten.

Die Hauptsehenswürdigkeit der Stadt ist die St. Louis-Eisenbahnbrücke über den Mississippi. Das grossartige Werk wurde in den Jahren 1869—74 mit einem Aufwand von 10 Millionen Dollars erbaut. Sie besteht aus drei Stahlbogen, der mittlere von 158, die beiden seitlichen von 153 Meter Spannweite; ihre ganze Länge beträgt 1890 Meter Sie hat zwei Stockwerke, das untere für die Eisenbahnen und das obere für den Wagen- und Fussverkehr bestimmt.

Von St. Louis nach Denver.

Die Abreise von St. Louis war noch für denselben Abend angesetzt. Mit Vergnügen verliessen wir die uns allen unsympathische Stadt. Diesmal galt es, auf unserem Zug nach Westen ein gewaltiges Stück zurückzulegen: die Fahrt nach Denver, 922 Meilen, sollte in einer Tour erfolgen. Nach 10stündiger Nachtfahrt, während welcher ein heftiges Gewitter niederging, erreichten wir am 24. Juni 7 Uhr Vormittags die Station Kansas-City, 283 Meilen von St. Louis, woselbst wir $3^1/_2$ Stunden Aufenthalt hatten. Wir fuhren in die Stadt und nahmen in dem sehr gut geführten Coats-Hotel ein ganz vorzügliches Frühstück. $10^3/_4$ Uhr Abfahrt nach Denver, mit der Union-Pacific-Linie, in einem Palace-Sleeping-Car, der zum Glück nicht sehr besetzt war. Die Fahrt war sehr eintönig; die Bahn schlängelte sich durch die weite Ebene von Kansas; Felder und Wiesen wechselten mit einander ab, dann folgte eine, schier endlos weit scheinende, Prärie.

Bei Topeka, 67 Meilen von Kansas-City, Hauptstadt vom Staate Kansas, hatte am Tage vorher ein Wirbelsturm, — Tornado —, schrecklich gewüthet. Eine kleine Ortschaft, — Wilhelmstown —, war fast vollständig zerstört worden,

11 Personen sollen dabei **umgekommen** sein. Der Sturm
hatte solid aufgeführte, **steinerne, Gebäude** wie Kartenhäuser
umgeblasen; **Bäume von über zwei Fuss** Durchmesser **wie**
Reiser abgeknickt oder entwurzelt **zu Boden geworfen. Das**
zerstörte Gebiet hatte **nur** eine Breite **von ungefähr einem**
halben Kilometer.

Unsere Fahrt verlief im Ganzen **leidlich angenehm: die**
Hitze war, dank dem **in der Nacht losgegangenen Gewitter,**
erträglich geworden; **die Verpflegung im Restaurationswagen**
ordentlich, **doch leider gab es keinerlei spirituöse Getränke.**
Im Staate Kansas sind alle alkoholhaltigen Flüssigkeiten **auf**
das strengste **verboten; Uebertretungen werden mit hohen**
Strafen geahndet, in einigen Gegenden, **wie man** uns sagte,
sogar **mit Stockhieben. Und das im Lande der** viel ge-
rühmten „Liberty"! **Wir waren über diese** Verhältnisse ver-
ständigt **worden und hatten uns auf der** Station Kansas-City,
die **noch im Staate Missouri liegt, mit Wein** vorgesehen.
Jedoch derselbe war von so **zweifelhafter Qualität, dass** wir
auf dessen **Genuss verzichteten, und somit** wurden **auch** wir
einmal Weinverächter, — Temperenzler.

Bei Station Ellis, 303 Meilen von Kansas-City, wird zur
Gebirgszeit (1 Stunde später) übergegangen. Nach der **1883**
eingeführten Normalzeit für die Vereinigten **Staaten** wird
das ganze Land von **Ost nach West in vier Abschnitte von**
je 15 Längengraden eingetheilt: 1. **östliche Zeit vom 75. bis**
90. Grad westl. **Länge; 2. mittlere (Central-)Zeit vom 90.** bis
105. Grad westl. **Länge; 3.** Gebirgs-(Mountain-)Zeit von
105. bis 120. Grad westl. **Länge und 4.** Pacific-Zeit vom
120. Grad westl. **Länge bis zum** Stillen **Ocean.**

Am Morgen des 25. Juni erschienen in weiter Ferne
hohe, **zum Theil** mit Schnee bedeckte Berge: das Felsen-
gebirge, die Rocky-Mountains.

Die Landschaft zeigte sich wieder cultivirter, verschiedene Ortschaften **wurden in Nähe der** Bahn sichtbar, und
bald nach 7 Uhr **früh fuhren wir in** den Bahnhof von Denver

ein. Wir hatten sonach die Strecke Kansas-City-Denver, 639 Meilen, in 20 Stunden zurückgelegt.

Denver.

Wir nahmen Wohnung im Windsor-Hotel, ein vorzüg-liches Haus mit geräumigen, sehr gut eingerichteten Zimmern. Uns wurden die besseren Räume, — Salons —, zugewiesen; zu jedem derselben gehörte ein eigenes Badezimmer mit Closet, herrliche Einrichtung! Die Verpflegung war recht gut, die Bedienung, — Weisse! —, aufmerksam und freundlich.

Denver, im Staate Colorado, nur 15 Meilen vom Felsen-gebirge gelegen, wurde erst 1858 gegründet. Die Stadt entwickelte sich, dank ihrer günstigen Lage inmitten eines reichen Silberminen-Reviers, selbst für amerikanische Ver-hältnisse sehr schnell. Die Einwohnerzahl, welche 1880 fast auf 36 000 angewachsen war, hatte 1890 schon die stattliche Höhe von 126 700 erreicht. Das Gesammtbild der Stadt zeigte überall die Hand einer aufmerksamen, guten Ver-waltung. Die Strassen befanden sich durchweg in einem guten und reinlichen Zustand; die meisten waren entweder asphaltirt oder cementirt.

Unter den grösseren Gebäuden ragen besonders hervor: Die Central-Presbyterian-Kirche; das Capitol, welches noch nicht ganz vollendet war; das County-Court-House, Gerichtshof und das Custom-House and Post-Office. In den abseits vom Stadtinnern gelegenen, neueren Strassen reiht sich Villa an Villa, die zwar meist nicht sehr gross sind, aber gleichwohl durch kleine, hübsch gehaltene, Vor-gärten und durch die Verschiedenartigkeit des Baustils einen reizenden Anblick gewähren.

Nicht weit von der Stadt liegt der grosse City-Parc, ein noch unfertiger, erst in neuerer Zeit angelegter Stadt-garten mit hübschen Anlagen und einem künstlich angelegten See. Wir waren an einem Sonntag dort; in einem Kiosk concertirte eine Musik-Capelle; eine grosse Menschenmasse in verschiedenstem Alter tummelte sich auf den grossen Rasenplätzen.

Zu den Rocky-Mountains.

Der nächste Tag, 26. Juni, fand uns schon wieder auf der Eisenbahn. Unser nächstes Ziel war das 80 Meilen von Denver entfernte, in den Rocky-Mountains gelegene, kleine Bad Manitou. Die Bahn näherte sich allmählich den Bergen; die Gegend nahm den Charakter einer Voralpenlandschaft an, ähnlich wie auch in unsern Voralpen; es erschien ein kleiner See, — Palmer-Lake —, die Wasserscheide zwischen Missouri und Mississippi, dann folgte bald Station Colorado-Springs, wo Wagenwechsel nach Manitou stattfand. Nach nur 20 Minuten langer Fahrt auf einer Secundärbahn langten wir 5 Uhr Nachmittags dort an.

Bad Manitou.

Das Hotel Cliff-House nahm uns dort auf. Dasselbe war nur für Sommeraufenthalt eingerichtet. Wir erhielten leidlich gute Zimmer in der Dependance, einem thurmähnlichen Gebäude aus Holz. Die Küchenleistung war zufriedenstellend und auch die Bedienung, — Schwarze —, zeigte sich anständig.

Bald nach unserer Ankunft, gegen Sonnenuntergang, erhob sich ein scharfer Windstoss, der ein heranziehendes Gewitter verjagte. Der Oberst, Anhänger der Falb'schen Wettertheorie, erblickte darin einen Tornado, — Wirbelsturm —, als Bestätigung eines kritischen Tages erster Ordnung!

Manitou, 1940 Meter über Meer, an dem Fusse des Pike's Peak, in einem engen Thale hübsch gelegen, wird seiner schönen Umgebung und seiner heilkräftigen Quellen

wegen sehr viel aufgesucht. Das Wasser soll in seiner
Zusammensetzung mit dem Emser Wasser Aehnlichkeit haben.

Es lassen sich von dort eine Anzahl interessanter Parthien
ausführen. Eine der nächstgelegenen führt in das Wil-
helms-Thal, Williams-Cannon, ein wildromantisches
Thal: fast senkrecht aufsteigende, stark zerklüftete, Felswände von eigenartigen Formationen und respektabler Höhe
begrenzen dasselbe von beiden Seiten und engen es an verschiedenen Stellen so ein, dass kaum noch Platz bleibt für
die Wagenspur. Eine Meile aufwärts im Thal, hoch oben
in einem Felsen, wird eine Tropfsteinhöhle gezeigt, Cave
of the winds, Höhle der Winde, genannt.

Auch eine Wanderung in dem lieblichen Ute-
Thal ist recht empfehlenswerth. $^1/_2$ Meile von Manitou ge-
langt man an einen kleinen Wasserfall, — der Rainbow —,
Regenbogen-Fall, so genannt, weil sich bei einfallendem
Sonnenschein in dem zerstäubten Wassernebel hübsche Regen-
bogen bilden.

Eine der dankbarsten Touren ist eine Parthie zum
Göttergarten, — Garden of the Gods: Ein 240 Hektar
grosses Stück öden Landes, welches mit merkwürdigen Fels-
bildungen und hohen Klippen aus rothem und weissem Sandstein dicht besetzt ist. Dieselben steigen, coulissenartig hinter
einander geschoben, unmittelbar aus dem ebenen Boden
empor; zwei mächtige, rothe Felswände schliessen das eigenartige Bild ab; sie treten so nahe zusammen, dass sie nur
für einen schmalen Eingang, das Thor, — Gateway —, des
Göttergartens, Raum lassen.

Der Pike's Peak.

Weitaus der grossartigste und interessanteste Ausflug
ist eine Parthie auf den Pike's Peak. Eine Zahnradbahn
nach System Abt (Zahnrad mit Adhäsion), führt auf den
4310 Meter hohen Berg, der nach seinem ersten Besteiger,

einem Major Pike, benannt wird. Wir kamen an dem
wunderschönen Morgen des 27. Juni gerade recht zur ersten
Auffahrt. Jeder Zug besteht nur aus der Maschine und
einem Waggon. Die Fahrt, mit einer Steigung bis zu
25 Proc., erschien durchaus sicher und war hoch interessant.
Bei Station Halfway-House, ein Hotel für Sommeraufenthalt,
wurde ein etwas längerer Halt gemacht, während dessen
der grösste Theil der Mitreisenden ausstieg, um in der Umgebung — Blumen zu suchen. Die $8^3/_4$ Meilen lange Bahnstrecke mit einer absoluten Steigung von 2285 Meter, wurde
in zwei Stunden zurückgelegt. Bei unserer Ankunft auf
dem Gipfel machte sich der, verhältnissmässig recht schnell
erfolgte, Wechsel in der Luftdichtigkeit sehr deutlich bemerkbar: der Oberst, ganz bleich im Gesicht, suchte schwankenden Schrittes einen Stuhl zu erreichen; wir Alle hatten
aber das Gefühl von Schwerathmigkeit und Schwindel und
verlangten nach Alkohol zur Stärkung. Jedoch selbst
hoch oben in den lichten Höhen wurde man von den puritanischen Gesetzes-Vorschriften verfolgt: in dem dort betrie-
benen Gasthaus durfte als Getränk nur Thee und Café —, beides
war von sehr zweifelhafter Güte, — verabreicht werden.
In kurzer Zeit hatte man sich an die dünne Luft gewöhnt
und konnte alsdann Umschau halten. Der Pike's Peak überragt die umliegenden Höhen um ein Beträchtliches; in Folge
dessen ist die Aussicht sehr umfassend und grossartig; eine
grosse Anzahl Bergspitzen liegen wie auf einem Präsentir-
teller direkt vor dem Beschauer; weit im Süden erblickt
man am Horizont eine lange Kette von Schneebergen, — die
Neumexikanischen Berge —, die aber bei einer Entfernung
von über 300 Meilen nur mit einem guten Glase als Berge
zu erkennen sind und fast wie weisse Gewölksstreifen erscheinen. Der Blick nach Norden, über eine schier endlos
erscheinende Ebene, ist nicht minder überraschend; trotzdem
in weiterer Entfernung die Gegend in nebligen Dunst ein-
gehüllt war, überschaute man doch eine Menge von grösseren

und kleineren Ortschaften; an hellen Tagen soll sogar Denver deutlich zu erkennen sein. Auf der Nordseite des Berges lag noch ziemlich viel Schnee; das reizte uns, ein kleines Schneeballwerfen zu veranstalten. Die Rückfahrt, thalwärts, dauerte, wie die Auffahrt, ebenfalls zwei Stunden.

An einem Abend befand ich mich mit dem Hauptmann in einem Bierrestaurant, welches von einem Deutschen, aus Hessen stammend, recht ordentlich geführt wurde. Plötzlich verbreitete sich im Zimmer ein äusserst abscheulicher Gestank. Alles rannte, wie toll geworden, zu den offenen Fenstern und schloss dieselben schleunigst unter den Rufen: „Skunk! Skunk!" Auf unsere Frage, was denn los sei, hiess es: eine Stinkkatze, dort Skunk geheissen, sei in die Nähe des Hauses gekommen und jedenfalls verfolgt worden; alsdann gäben dieselben diesen scheusslichen Geruch von sich. Der Wirth, ein grosser Schwätzer, wollte wissen, dass die Thiere bei Verfolgung auf ihren langen Schweif harnen und, diesen als Wedel benutzend, den stinkenden Urin nach allen Richtungen hin spritzten. Soviel ich mich noch aus der Zoologie erinnere, sind diese Thiere, wie auch verschiedene andere, mit einer, eine widrig riechende Flüssigkeit absondernden, Drüse versehen, die sie bei einer Verfolgung zu entleeren pflegen.

Nach Leadville.

Am 29. Juni, Morgens, verliessen wir das freundliche Manitou. Es sollte Leadville, einer der höchstgelegenen Städte auf der Erde, ein Besuch gemacht werden. In der Frühe hatte es etwas geregnet, so bekamen wir einen angenehmen Reisetag. Mit der Secundärbahn gelangten wir wieder nach Colorado-Springs. Dort nahm uns ein Zug der Denver- und Rio-Grande-Eisenbahn auf. Die Fahrt verlief eine Zeit lang durch wüste, unfruchtbare, Prärie-Gegend längs des Arkansas-Flusses. Bald aber erreichte die Bahn das Gebirge und trat in das Grande-Cannon, — das Grosse Thal —, ein. Nun folgte eine der schönsten Parthien in den Rocky-Mountains, ein Theil der von den Amerikanern mit Stolz „Scenic-Line of the world" genannten Eisenbahnlinie.

Der Arkansas-Fluss drängt sich lauttosend durch die enge Felsengasse, — das Grande-Cannon —, welche beiderseits durch steil abfallende, wild zerklüftete, Bergriesen gebildet wird. Das Thal ist bei dem Royal-Gorge, — Königsschlund —, so eingeengt, dass für den Fluss und Eisenbahndamm kaum noch Raum bleibt; der grossartigste Punkt der Parthie!

In Station Salida, 158 Meilen von Manitou, hatten wir längeren Halt zum Lunch. Die Verpflegung daselbst, von jungen, hübschen Kellnerinnen servirt, war recht ordentlich. Als wir wieder den Bahndamm betraten, bemerkten wir auf den Schienen nur einen Zug, der sich alsbald langsam in Bewegung setzte. Wir hielten denselben für den unsrigen und sprangen, da uns auch noch bestätigt wurde, dass er nach Leadville fahre, schleunigst hinauf. Dann erst stellte es sich heraus, dass dieser Zug, von einer anderen Linie, uns in Salida überholt hatte. Wir fuhren mit bis zur nächsten Station, Buena-Vista, einem kleinen, hübschen Städtchen, mit Mineralbad, und erwarteten dort die Ankunft unseres Zuges. Derselbe dampfte nach 20 Minuten heran; wir begrüssten in demselben hoch erfreut unser Gepäck wieder. Alsdann ging die Fahrt in starker Steigung weiter in die Berge hinauf. Bei Station Malta, 214 Meilen von Manitou, mussten wir umsteigen; eine nur vier Meilen lange Zweigbahn brachte uns in kurzer Zeit nach Leadville. Zu der ganzen Strecke, 218 Meilen, hatten wir, mit Aufenthalt, fast neun Stunden gebraucht.

Leadville.

In dem Vendôme-Hotel, dem stattlichsten Gebäude der ganzen Stadt, war Quartier für uns bestellt. Wir wurden daselbst recht gut aufgenommen. Schon beim Betreten des

Hotels umfing uns eine angenehm erwärmte Luft; das Entree
wie auch das ganze Hotel war geheizt, was auf uns, die
wir die letzte Strecke der Fahrt recht gefroren hatten, ungemein wohlthuend wirkte. Die Zimmer waren geräumig,
reinlich und anständig eingerichtet; eine Schaar junger, meist
hübscher Mädchen in reinlicher, kleidsamer Tracht bedienten
bei Tische, wodurch die ganz schmackhaft zubereiteten
Speisen noch besser mundeten. Uns bediente eine deutsche,
aus Würzburg stammende Kellnerin.

Leadville liegt 10 000 Fuss über dem Meere in reizender
Lage, von einem Kranz hoher zum Theil schneebedeckter
Berge umgeben. Die Stadt wurde erst 1859 gegründet; sie
verdankt ihre Entstehung den in der Nähe gefundenen Gold-
und Silberminen. Der Ertrag an Silber allein hatte Jahre
lang einen Werth von gegen 13 Millionen Dollars. Im
Jahre 1890 betrug die Einwohnerzahl nahezu 10 400, dieselbe war aber schon einmal bis auf 30 000 Köpfe angewachsen. In Leadville kann man recht gut ein Bild von
dem Entstehen einer amerikanischen Stadt gewinnen. Fast
sämmtliche Häuser sind sehr unscheinbar, ganz aus Holz
gebaut; sehr viele in Form von Blockhäusern; sie enthalten
nur zwei Gelasse. Die wenigen, stattlicheren Steinbauten
wurden erst in den letzten Jahren errichtet; es sind dies:
das Rathhaus, das Gerichtsgebäude, ein paar Hotels und
einige wenige Privathäuser.

Abends machten wir einen Spaziergang durch die Stadt.
In den Strassen herrschte sehr reges Leben. Die Männer,
fast alle in Feiertagskleidung, standen in erregter Unterhaltung, meist zu grösseren Trupps, auf den Trottoirs umher; das Gespräch bewegte sich wohl ausschliesslich über
die schlechte Geschäftslage. Ein böses Verhängniss war
über Leadville losgebrochen: Die einer Gesellschaft gehören-
den Silberminen hatten, in Folge von rapidem Silberpreis-
sturz an der Börse, ihre Thätigkeit eingestellt und die Arbeiter entlassen. Arbeitslosigkeit bedeutete aber für die

meisten Bewohner der **Stadt**, die bisher den leicht errungenen hohen Verdienst leichtsinnig durchgebracht hatten, der Beginn einer schweren Nothlage.

Auf unserer Wanderung **gelangten wir auch in** eine, von der Hauptstrasse **abzweigende**, Nebengasse; dort war von schlechten Verhältnissen noch nichts zu bemerken. In dem ersteren Theil der Strasse reihte sich Kneipe **an Kneipe**, wo es allenthalben laut **lärmend** zuging; es **wurde gezecht**, musizirt, gesungen und im Hazardspiel (Roulette) **das Glück** versucht. In dem entfernter liegenden Theil **der Gasse hatte** sich eine **grössere** Anzahl Bordelle etablirt; **die Insassen, der** wahre Auswurf **des weiblichen Geschlechtes, präsentirten sich** an den offenen Fenstern **in höchst bedenklicher Toilette und** luden **zum** Besuch **ein**.

Der Green-Lake.

Am 30. Juni unternahmen wir bei herrlichstem Wetter zu Wagen einen Ausflug **an den** $6^1/_2$ **Meilen von** Leadville entfernt gelegenen Green-Lake, ein viel besuchter Vergnügungsort der Stadtbewohner. Derselbe ist zwar nicht grün, sondern azurblau und bietet, in seiner Lage am Fusse hoher Schneeberge, umkränzt von grünen Tannen, ein reizendes Hochgebirgsbild dar. Am Ufer des Sees war **eine Tafel** errichtet mit der Warnung: **Every person fishing in this lake will be shot on sight**, zu deutsch: Wer hier fischt, wird über den Haufen geschossen! **Man sieht, in dem grossen Lande** der Freiheit beliebt **man sich recht deutlich** auszudrücken. — An der Strasse, direkt neben dem **See, hat** ein spekulativer Wirth ein grosses Gasthaus erbaut mit geräumigem Saal und hübscher Terrasse; **es soll** dort bisweilen recht lebhaft zugehen. Ich konnte es mir nicht versagen, einen am Ufer liegenden Kahn zu besteigen und eine Rundfahrt um den See zu machen. Als ich zurückkam, stand schon ein Kerl da, der für Benutzung des Kahnes die Kleinigkeit von einem Dollar verlangte.

Auf der Heimkehr fuhren wir bei einem Silberbergwerk
vor, woselbst uns mitgetheilt wurde, dass die Bergwerke
sämmtlich geschlossen wären. Alsdann begaben wir uns zu
der in der Nähe gelegenen Silberschmelze, die noch im
Betrieb war. Zwei junge Herren, die sich uns als Deutsche
vorstellten, empfingen uns; der eine war Ingenieur, der andere
Chemiker.

Dieselben liessen es sich nicht nehmen, uns durch die
weiten Fabrikanlagen herumzuführen und uns in liebens-
würdigster Weise als Cicerone zu dienen. Dadurch wurde
der Besuch der Fabrik ganz besonders lohnend.

Nach Utah ins Land der Mormonen.

Noch am selben Nachmittage, $5^1/_2$ Uhr, verliessen wir
Leadville. Die Bahn, welche bis Malta zurück abwärts
führte, stieg von da ab noch 15 Meilen weit bis zum Tennessee-
Pass (3181 Meter): Die Wasserscheide des amerikanischen
Continentes zwischen dem Atlantischen und Stillen Ocean.
Alsdann ging es scharf nach abwärts; die Bahn verliess eine
Strecke weit die Berge und durcheilte eine öde Prärie-Land-
schaft; dann folgte das kurze, hübsche Red-Cliff-Cannon,
Rothe Felsen-Thal, und bald darauf das Eagle-River,
Adler-Fluss-Cannon, in welchem die Hütten der Gruben-
arbeiter hoch oben an den Felsen (bis zu 600 Meter Höhe)
wie Schwalbennester erschienen. In Station Minturn (39 Meilen
von Leadville) hatten wir kurzen Aufenthalt zum Souper.
Bei unserer Abfahrt war schon die Nacht eingebrochen; der
Zug sauste weiter in die Dunkelheit hinein durch ein enges
Thal: das Cannon des Grand-River. An einer der vielen
Haltestellen erstrahlte ein in der Nähe des Bahnhofs gelegenes, grösseres, Gebäude in prächtiger, elektrischer Beleuchtung. Es war das in Gleenwood, einem viel besuchten
Badeort, woselbst von den Badegästen eine Festlichkeit ge-
feiert wurde.

Bei meinem Erwachen am frühen Morgen des nächsten
Tages befanden wir uns in einem unfruchtbaren Hügelland,
die Utah-Desert, Utah-Wüste, geheissen. Ich war der Erste
im Waschraum des Waggon; nach Vollendung meiner Toilette
liess ich mich in dem, neben dem Waschraum befindlichen,
freien, Coupé nieder. Es währte nicht lange, so erschien
ein älterer Herr, der neben mir Platz nahm und ein Gespräch
anknüpfte. Als er erfuhr, dass ich Deutscher war, lenkte
er sofort das Gespräch auf die neueste Armee-Vermehrung
(1893) und meinte, nun hätte ja der deutsche Kaiser doch
die gewünschten Soldaten erhalten. (Die Zeitungen hatten
einige Tage vorher die Nachricht gebracht, dass der Reichs-
tag die Vermehrung der Armee bewilligt habe.) In der
weiteren Unterhaltung stellte er die Frage, ob es wirklich
wahr sei, dass in Deutschland ein jeder Soldat werden müsse.
Ich bestätigte dieses, worauf Jener sagte: „Und auch die
Söhne vom Adel sind beim Militär?" Auf meine Antwort:
„Nicht nur die Söhne des Adels, sondern auch die meisten
Prinzen der in Deutschland herrschenden Familien gehören
der Armee an," warf er, scheinbar erstaunt, die Worte hin:
„and the sons from Redchild too?" Der Name Redchild,
— Redscheidt —, war mir nicht bekannt; ich wusste nicht,
was der alte Herr damit wollte, sagte, ich verstünde ihn
nicht und brach das Gespräch ab. Erst nach einer geraumen
Zeit wurde mir die Frage verständlich, nachdem sich mir
aus Redchild der Name Rothschild entpuppt hatte. Der
Herr schien wohl zu glauben, dass die Familie Rothschild
wegen ihrer vielen Millionen bei uns in Deutschland ganz
besondere Vorrechte geniesse, vor allem aber die Befreiung
der Söhne vom Militär!

Unterdessen war die Gegend wieder interessanter geworden: Die Bahn trat bei Castle-Gate in den hübschen
Castle- oder Price-River-Cannon und überschritt, stark
ansteigend, bei Soldier-Summit (2275 Meilen) die Passhöhe
des Wahsatch-Gebirges. In Station Castle-Spring hatten wir

5*

Zeit zum Frühstück im Bahnhofs-Restaurant. Der deutsch-
sprechende Oberkellner machte sich mir als ein Graf T. aus
München bekannt. Auf der scharf abwärts führenden Weiterfahrt wurde bei Springsville ein grosser See, — der Utah-
Lake —, bemerkbar. Unser Zug folgte nun fast direkt dem
Lauf eines Flusses, Jordan genannt, welcher den Utah-See
mit dem grossen Salz-See verbindet, und erreichte gegen
11 Uhr Vormittags unser Ziel, die Station Salt-Lake-City.
Die Fahrzeit von Leadville bis Salte-Lake-City, 683 Meilen,
hatte fast 18 Stunden betragen.

Salt-Lake-City.

Wir wohnten im Walker-House, einem stattlichen Gebäude in der Ost-Tempel- oder Main-Street gelegen. Das
Hotel, früher das erste in der Stadt, schien recht vernach-
lässigt. Die Einrichtung der Zimmer und auch die Küche
liess viel zu wünschen übrig; vor Allem aber mangelte es
überall an Reinlichkeit. Als besseres Haus wurde uns Hotel
Knutsford gelobt.

Salt-Lake-City, das Zion der Mormonen oder, wie sie
sich nennen, „Latter-Day-Saints“, ist auf einer weiten Hoch-
ebene hübsch gelegen: Im Norden und Osten erhebt sich
aus unmittelbarer Nähe das mächtige, schneebedeckte Wahsatch-Gebirge, während die im Süden und Westen gelegenen
Berge bis zu 20 Meilen zurücktreten.

Die Stadt wurde erst 1847 von dem Mormonen-Propheten
Brigham Joung, der im Jahre vorher mit seinen Anhängern
aus Nauvoo vertrieben worden war, gegründet. Aus der
unwirthlichen Wüste wurde sehr bald durch den unermüd-
lichen Fleiss der Mormonen eine der fruchtbarsten Gegenden
in den Vereinigten Staaten. Die Stadt zählte 1893 gegen
50 000 Einwohner, davon ungefähr zwei Drittel Mormonen.
Sie ist sehr regelmässig gebaut und macht mit ihren breiten,
gut gehaltenen, meist mit Bäumen bepflanzten, Strassen und

mit ihren saubern, vielfach mit Vorgärten versehenen, Häusern, einen recht freundlichen Eindruck. Von dem drei Meilen vor der Stadt auf einer Anhöhe gelegenen Fort Douglas, welches mit der Elektrischen Bahn leicht zu erreichen ist, hat man eine reizende Aussicht auf die Stadt und die Gebirgslandschaft.

Zu den besonders bemerkenswerthen Gebäuden gehört das Tabernakel, der neue Tempel und die Assembly-Hall.

Das Tabernakel ist ein eigenartiger, mächtiger, Bau von der Form einer Ellipse. Es ist 76 Meter lang, 45 Meter breit und 21 Meter hoch; das Dach hat Aehnlichkeit mit einem umgekehrten Schiffsbauch; es wird von Sandsteinpfeilern getragen. Das Innere ist ungemein einfach gehalten; es imponirt jedoch gewaltig durch die Grösse der ungestützten Bogenwölbungen, die mit zu den grössten in der Welt gehören. Der kolossale Raum, der sich durch eine vorzügliche Akustik auszeichnet, vermag an 12 000 Personen aufnehmen, er enthält allein 8000 Sitzplätze.

Sonntags Nachmittags findet daselbst öffentlicher Gottesdienst statt. Da wir gerade an einem Sonntag in Salt-Lake-City anwesend waren, so ergriffen wir die Gelegenheit, denselben zu besuchen. Die Kirche war gut besetzt. Ein gemischter Chor von Sängerinnen und Sängern, sang, unter Begleitung einer mächtigen Orgel, mehrere Lieder. Darauf trat ein Mann in hellem Anzug bis an die Brüstung des höher gelegenen Chores vor und hielt eine längere Predigt, von der wir leider nicht viel verstanden. Währenddem reichten Gemeinde-Angehörige Metallkörbe mit weissen Brotschnitten herum, von denen Jeder der Anwesenden ein Stück nahm und ass; es schien das eine Art von gemeinsamem Abendmahl zu sein.

Der neue Tempel liegt nach Osten in unmittelbarer Nähe des Tabernakel. Es ist ein imposanter Granitbau von 56 Metern Länge und 30 Metern Breite. Vorder- und Hinterfront sind mit drei spitzen Thürmen gekrönt, deren höchster, in der Mitte der Haupt- oder Ostfront, mit 64 Metern Höhe, eine Kolossalfigur des Mormonen-Engels Moroni trägt. Das Innere ist sehr reich ausgeschmückt. Der Tempel dient für eine Reihe besonderer geistlicher Verrichtungen, so für Trauungen, Pristerweihen, Taufen von Verstorbenen! etc.

Die Assembly-Hall, ein grosser Granitbau im Südwesten vom Tabernakel gelegen, bietet Raum für 3000 Personen; er ist, wie das Tabernakel, für den Gottesdienst bestimmt.

Nicht weit vom neuen Tempel liegt das Beehave House, mit einem Bienenkorb (Beehave), dem Wahrzeichen der Mormonen, geschmückt; es ist eines der vielen Häuser von Brigham Young und wird noch von einer seiner Frauen bewohnt. Dicht dabei findet sich die Grabstätte von Brigham Young: Auf einem kleinen, mit Gras bewachsenen, Platz bemerkt man das, mit einem kunstvoll gearbeiteten Eisengitter umschlossene, Grab des Propheten, und daneben mehrere, nicht eingezäunte, Gräber, die Ruhestätten einiger seiner Frauen.

An dem Sonntag-Nachmittag herrschte reges Leben in den Strassen, wozu verschiedene Abtheilungen der Heilsarmee, unter Führung von Frauen, mit ihren lauten Gesängen nicht wenig beitrugen.

Die Anhänger der Heilsarmee machen sich überall in den Vereinigten Staaten durch ihre öffentlichen Umzüge bemerklich, jedoch im Allgemeinen nimmt man von ihnen nicht viel Notiz.

Abends machte ich allein einen Rundgang durch die Stadt. Schon sehr bald begegnete ich einer Abtheilung der Heilsarmee, die zu ihrem Versammlungshaus zog. Ich folgte diesem Zuge und gelangte so mit in einen grösseren Saal, der nach Art einer Kirche ausgestattet war. Es mochten im Ganzen gegen 80 Personen anwesend sein, darunter nur wenige Frauen; das Hauptcontingent bildeten, den niederen Ständen angehörende, Männer. Auf einer erhöhten Estrade

befanden sich vier Frauen und vier Männer, unter letzteren
zwei Fahnenträger. Eine der Frauen hielt einen Vortrag, den sie häufiger durch Gesang unterbrach; in den
Gesang stimmte jedesmal die ganze übrige Gesellschaft
mit ein.

Auf meiner Wanderung gerieth ich auch in eine Nebengasse, welche hauptsächlich von Chinesen bewohnt zu sein
schien. Das schwüle Wetter hatte die Bewohner Abends
ins Freie gelockt; die Trottoirs wimmelten von bezopften
Chinesen sammt deren Frauen und Kindern. Die Chinesen
sind fast alle als Wäscher thätig und sollen als solche recht
Gutes leisten.

In derselben Strasse fand ich in einem Parterre-Lokal,
bei geöffneter Thüre, eine grössere Anzahl Personen beiderlei
Geschlechts versammelt, welche andächtig dem Vortrag oder
der Predigt eines jüngeren Mannes lauschten: es war dort
der Versammlungsort einer Methodisten-Sekte.

In der Nähe des Mormonen-Tempels vernahm ich aus
einem Hause den mehrstimmigen Gesang von geschulten
Frauen- und Männerstimmen. Eine Freitreppe führte von
der Strasse zum ersten Stock, wo ich einen grossen Saal
von einer grösseren Gesellschaft, Damen und Herren, eingenommen fand. Dieselben übten, unter Begleitung eines
Harmoniums, geistliche Lieder ein: Es war dort Chorprobe
für den Gottesdienst im Tabernakel. Im Ganzen waren
wohl 400 Personen anwesend, das weibliche Geschlecht etwas
in der Ueberzahl; die Damen, meist hübsche, junge, Frauen
und Mädchen, fanden sich in gewählter Gesellschaftstoilette;
die Männer, zumeist auch dem jüngeren Alter angehörend,
in schwarzem Anzug.

Ich hörte längere Zeit dem ansprechenden Gesange
zu und suchte dann, hoch befriedigt von meinem Abend-
ausfluge, das Hotel auf.

Der grosse Salzsee — Great-Salt-Lake.

Der grosse Salzsee liegt 12 Meilen von der Stadt entfernt; er ist 80 Meilen lang, 30 Meilen breit, und bietet
mit seinen Inseln und mit den hübsch geformten Bergen in
seiner Umgebung das Bild einer reizenden Gebirgslandschaft.
Der See hat mehrere Zuflüsse, aber keinen Abfluss; es soll
mehr Wasser verdunsten, als zugeführt wird. Das ist wohl
auch die Ursache, weshalb die Wasserfläche im Verlaufe
der Jahre um ein Beträchtliches zurückgewichen ist. Der
grösste Theil des zwischen Stadt und See gelegenen Landes
stellt eine grosse Sandwüste dar, die an der Oberfläche mit
einer weisslichen Kruste von Salzrückständen bedeckt ist.
Das Wasser des Salzsee hat einen Salzgehalt von $22\,^0/_0$, das
todte Meer $24\,^0/_0$; es trägt deshalb sehr leicht; gleichwohl
ist das Schwimmen darin nicht besonders angenehm, weil der
ganze Körper in einer Weise gleichmässig an die Oberfläche
gehoben wird, dass es schwer fällt, den Kopf über Wasser
zu halten.

Am See sind zwei grosse Badeanstalten eingerichtet
worden: Garfield-Beach, 18 Meilen nach Südwesten und
Saltair, 12 Meilen direkt nach Westen von der Stadt gelegen. Zu beiden führen Eisenbahnen. Die Badeanlagen
in Saltair nehmen eine gewaltige Ausdehnung ein; ausserdem findet sich dort noch ein grosses Gasthaus mit einer
Riesen-Festhalle, die leicht Raum gewährt für mehrere
Tausend Besucher. An beiden Orten herrschte recht lebhaftes Badeleben. Männer wie Frauen, in dunkle Bade-
gewänder gekleidet, tummelten sich bunt durcheinander
im Wasser herum. Am Abend fand in der, mit elektrischem
Licht feenhaft erleuchteten, Festhalle in Saltair eine Tanz-
unterhaltung statt; der weite Saal war sehr gut besucht;
Hunderte von Pärchen schwebten nach dem Takte einer
guten Musik in dem abgegrenzten Tanzraum dahin; allüberall
erblickte man fröhliche Gesichter. Wir gewannen dort die

volle Ueberzeugung, dass **sich die** Mormonen bei „all ihrer Heiligkeit" eine frohe Lebensanschauung bewahrt haben und **durchaus keine Mucker und Kopfhänger sind.**

Der Yellowstone-National-Parc.

Der Yellowstone-Parc, im Jahre 1872 als „National-Park" erklärt und zur Erholung **des Volkes bestimmt,** umfasst eine Fläche von 263 geographischen Quadrat-Meilen, er ist also nur **um 3** Quadrat-Meilen kleiner als **das König-**reich Sachsen. **Derselbe** kann von zwei Seiten, von Norden und von Süden, **erreicht werden. Die nördliche Route führt** über **Portland und** Livingston, die südliche **über Ogden** und Beaver-Cannon.

Der Besuch **des,** von dem **grösseren Verkehr** weitab gelegenen, Parkes, ist sehr kostspielig und mit grossen Mühsalen verbunden. Zwei Eisenbahngesellschaften: die Northern-Pacific und die Union-Pacific, geben Rundreisebillete für den Besuch des Parkes **aus. Bei** Benutzung derselben ist man gezwungen, **zu dem** Ausgangspunkt der Tour wieder zurück-zukehren, so dass man, ob man von Norden oder Süden kommt, den grössten Theil der Route doppelt zu machen hat. **Das** mag ja für die meisten Besucher, welche in den Vereinigten Staaten wohnen, recht bequem und auch verhältnissmässig billig sein, jedoch für jene, **die, wie wir, auf einer Reise** durch das ganze Land begriffen sind, **würde viel Geld und Zeit** erspart werden, wenn Gelegenheit **geboten wäre,** von **der** einen Seite den **Park zu betreten** und auf der andern Seite denselben zu verlassen! Nach unserem Reiseprogramm hatten wir die südliche Route einzuschlagen.

Die Eisenbahn brachte uns am 3. Juli, einem herrlichen Sommertag, über Ogden nach Beaver-Cannon. Die Fahrt erfolgte von Ogden aus durch eintönige Prärie-Gegend, das Wahsatch-Gebirge **trat** immer mehr zurück.

Der Maschinist **auf** unserer Lokomotive schien nicht sehr

geschickt in seinem Fach zu sein; bei jedem Anfahren setzte
sich der Zug vorerst ruckweise in Bewegung, wobei so hef-
tige Stösse entstanden, wie wenn der ganze Zug aus den
Schienen geworfen würde. Plötzlich erlitt unser Waggon
während der vollen Fahrt wieder einige feste Püffe und
gleich darauf hielt der Zug mitten in der Prärie. Es war
diesmal wirklich ein Waggon aus den Schienen geschleudert
worden, zum Glück, ohne dass Jemand der Insassen Schaden
genommen hätte. Der Waggon musste ausgeschaltet werden,
und erst nach einigem Aufenthalt konnte die Fahrt fort-
gesetzt werden.

Bei Station Pocatello, **171** Meilen von Salt-Lake-City, in der
Indianer-Reservation gelegen, wurden einige Rothhäute, vom
Stamme der **Sho-Shone-Indianer**, sichtbar· die Frauen, in
bunter Tracht, wobei besonders die rothe Farbe vorherrschte,
ritten mit den Männern gemeinsam auf je einem Pferde.
Abends nach 10 Uhr erreichten wir erst die Station Beaver-
Cannon (**289** Meilen von Salt-Lake-City).

In dem einfachen, aber reinlichen, Gasthaus, welches
eine deutsche Familie aus Schleswig-Holstein, von der Insel
Fehr stammend, führte, fanden wir leidliche Unterkunft.

Am folgenden Tage wurde ich in aller Frühe durch
Flintenschüsse geweckt; fast hätte man an einen Indianer-
Ueberfall denken können. Später erfuhr ich, dass am 4. Juli
das höchste Fest in den Vereinigten Staaten, — das Inde-
pendance-Fest —, allüberall im Lande, gefeiert werde, und
dass die Festlichkeit am frühen Morgen mit Freudenschüssen
eröffnet worden sei.

Gegen 8 Uhr fuhr ein Vierspänner vor unserm Gasthaus vor, mit welchem wir die Tour in den Yellowstone-
Parc unternehmen sollten. Die Pferde waren kräftige Thiere
und befanden sich in einem guten Fütterungs-Zustand; sie
schienen ihrer Aufgabe vollauf gewachsen. Der Wagen fand
weniger unsere Zufriedenheit; derselbe war von einer rohen,
festen Bauart und mit sehr wenig Comfort ausgestattet; bei

der primitiven Federung des schwerfälligen Kastens erwies sich die Fahrt auf den recht schlechten Wegen als eine fortdauernde Marter.

Um 8 Uhr setzte sich unser Gefährt in Bewegung; die Luft war in der Frühe bei trübem Himmel sehr frisch. Bald war das cultivirte Land unseren Blicken entschwunden. Wir durchzogen, auf kaum erkenntlichem Pfade, eine endlos erscheinende, einförmige Prärie-Landschaft, welche mit struppigen, harten Grasarten und mit hohem Sage-Brush, — Artemisia tridentata —, unserem Wermuth verwandt, dicht bewachsen war. Die ganze Gegend wimmelte von kleinen, fast wie Ratten aussehenden, Thierchen, — Prärie-Hunde geheissen —, die durch unsere Fahrt in ihrer Ruhe aufgescheucht wurden und blitzschnell in Erdlöcher verschwanden. Wir trafen auch recht viel Flugwild an: darunter waren am meisten vertreten die Prärie-Chicken, — Prärie-Hühner—, in Grösse und Farbe unseren Feldhühnern ähnlich; ziemlich häufig waren auch Vögel mit langem, scharf abgebogenem, Schnabel, wie unser Brachvogel, welche mit ängstlichem Schreien unseren Wagen umkreisten und uns eine Zeit lang begleiteten. Seltener, dann aber zu zweien oder vieren beisammen, zeigten sich Vögel von der Grösse eines halbausgewachsenen Truthahnes, Sage-Chicken geheissen, nach dem Sage-Kraut, das ihnen hauptsächlich zur Nahrung dient. Das Fleisch derselben wird nicht gerne genossen, da es einen scharfen Beigeschmack nach jenem Kraut haben soll.

Mitten in der Prärie stiessen wir auf ein eigenartiges Bild: Dicht neben der Fahrstrasse ragte ein $1^1/_2$ Meter hoher Baumstamm aus dem Boden empor, auf welchem ein kleiner, mit einem breiten Einschnitt versehener Holzkasten befestigt war; ein gebleichter Ochsen-(Büffel?)Schädel, mit gewaltigen Hörnern, lehnte an dem Stamme. Das stellte, wie unser Kutscher versicherte, den Briefkasten für jene Gegend dar, welcher zweimal in der Woche geleert werden soll.

Fast genau um Mittag erreichten wir in dem, Cames-

Meadows benannten, Theil der Prärie eine am Shot-Gun-
River gelegene, bedeutendere, Niederlassung mit einer Anzahl
grösserer Gebäude in Blockhausform. Dieselbe war Eigen-
thum eines schottischen Farmers, John Ching mit Namen,
dessen noch jüngere, stattliche, Frau sich in liebenswürdig-
ster Weise sofort daran machte, uns eine Mahlzeit zu be-
reiten, welche wir uns in dem gemüthlich hergerichteten
Wohnzimmer vorzüglich schmecken liessen. In der Nähe
der Stallungen war eine Wiese eingegattert, in welcher vier
Stück Elk-(Wapiti-)Hirsche lagerten, die bei unserer Annäher-
ung aufsprangen und sich in wilder Flucht entfernten, —
ein stattlicher Anblick!

Bald musste an die Weiterfahrt gedacht werden, da
wir unser nächstes Nachtquartier, welches noch fünf Stunden
entfernt war, vor Eintritt der Dunkelheit erreichen wollten.
Die Fahrt ging weiter in die öde Landschaft hinein; der
Weg war oft kaum als solcher zu erkennen. Traten uns
Bäche oder Flüsse entgegen, so wurden diese entweder
durchfurthet oder auf, meist halsbrecherischen, Brücken über-
wunden. Abgemattet von der grossen Nachmittagshitze,
zerstochen von den massenhaft auf uns einfallenden Mos-
quitos, deren man sich gar nicht erwehren konnte, und halb
lahm von den bei der Fahrt erlittenen Püffen und Stössen,
langten wir am Snake-River an und machten in dem dort
vorhandenen Gasthaus für die Nacht Halt. Verpflegung und
Unterkunft war sehr mässig; wir mussten paarweise mit
einem Zimmer vorlieb nehmen. Besonders aber mangelte
es überall an Reinlichkeit; zudem wurde man in allen Zimmern nicht nur von Schnaken, sondern auch noch von
Stechfliegen geplagt.

Die Wirthin, eine stattliche Frau mit feinen Gesichts-
zügen, schien aus besseren Lebensverhältnissen zu stammen:
ihr ganzes Auftreten verrieth eine gute Erziehung; sie sprach
ausser Englisch ein gewähltes Französisch. Es war ihr an
der Wiege wohl auch nicht gesungen worden, dass sie dereinst

mal in der Wildniss eines **fernen Welttheils**, als **Frau** eines
armen Farmers, eine **Kneipenwirthin machen** sollte. Indess
sie hatte sich wohl **mit ihrem Schicksal** abgefunden; dem
äusseren Anschein **nach** schien sie mit ihrem Loos zufrieden
zu sein. — Eine erwachsene Tochter des Hauses, **ein**
hübsches, aber recht kokettes Ding, kümmerte sich **in der**
Hauswirthschaft um gar nichts, die überliess **sie ganz der**
Mutter. Sie ritt, im Herrensitz, in der Prärie umher; **klim-**
perte auf einem total verstimmten Klavier oder suchte **sich**
in anderer Weise die **Zeit zu vertreiben.**

Das Gasthaus mit grösserem Oeconomiebetrieb **bildete**
gewissermassen das **Centrum einer weiteren Anzahl von
Niederlassungen, die bis zu 17 Meilen entfernt über die**
Gegend zerstreut lagen. **Die ganze** Besitzung **war** Eigen-
thum einer, aus geborenen Schweizern gebildeten, Genossen-
schaft. Der Wirth **des Gasthauses war** das Haupt oder der
Leiter des **aus einigen** Hundert Köpfen bestehenden Ge-
meinwesens. **Bei** ihm **wurden** die, auf den verschiedenen
Farmen gewonnenen, Produkte gesammelt und an zugereiste
Händler verkauft; der entsprechende Gewinn-Antheil wurde
den einzelnen Parteien überwiesen.

Bei unserer Ankunft ging es im Gasthause recht lebhaft
zu. Die Ansiedler aus Nah und Fern **hatten sich mit Frau**
und Kind dort eingefunden, um **im Kreise der Schicksals-**
genossen das Unabhängigkeitsfest **zu feiern. Den meisten**
der Erwachsenen **hatte harte Arbeit und gedrückte Lebens-**
lage vor der Zeit **tiefe Furchen in das Antlitz** gegraben.
In einem, einige Hundert **Schritte vom Gasthaus** gelegenen,
Neubau, der eben unter Dach gebracht worden war, wurde
von den jüngeren Leuten nach den Klängen einer **Zieh-**
Harmonika getanzt, während die älteren mit den jüngsten
Sprösslingen herumsassen und zuschauten. **Zu trinken** gab
es dabei, ausser Sodawasser, gar nichts; — **alles** in allem
eine recht trockene **Feier!**

Wir hatten uns, **um** die reine **Luft im Freien zu** ge-

niessen und der lästigen Fliegen- und Schnaken-Plage in
den Zimmern auszukommen, an dem herrlichen Abend vor
dem Hause niedergelassen und liessen uns einige Flaschen
Bier, die wir aus Beaver-Cannon mitgebracht hatten, recht
wohl schmecken. Bald sammelte sich in einiger Entfernung
von uns eine Anzahl Ansiedler und sahen neugierig mit
verlangenden Blicken unserem Treiben zu. Wir zogen sie
in ein Gespräch und fragten, ob denn an dem hohen Fest-
tage in dem Gasthause kein Wein oder Bier zu haben sei;
worauf jene: das wohl, jedoch zu diesem Feste gebe es für
jedes Genossenschaftsmitglied nebst Angehörigen wohl freie
Verpflegung auf allgemeine Unkosten, aber nicht Getränke;
diese müssten vielmehr mit theuren Preisen bezahlt werden,
und das könnten sie sich in ihren Verhältnissen nicht ge-
statten. Freilich, daheim im Züricher-Land hätt' es schon an
einem gewöhnlichen Sonntag zu einem Schoppen Wein ge-
reicht. Sie gestanden dann weiter, dass sie in ihren Hoff-
nungen sehr getäuscht worden seien. Wenn sie daheim so
gearbeitet hätten, wie es hier erforderlich sei, um sich
kümmerlich zu erhalten, so würden sie gewiss viel besser
gestellt sein als heute. Sie hätten wohl alle längst die
Heimath wieder aufgesucht, doch, wenn sie dort mit leeren
Händen ankämen, müssten sie sich vor Verwandten und
Bekannten ja schämen. In ihren Briefen an die Heimath
seien sie freilich bestrebt, ihre Verhältnisse recht günstig
darzustellen, zum mindesten als selbstständige Farmer, weil
sie doch nicht schreiben könnten, wie armselig sie daran
wären. Sie wüssten wohl, dass durch ihre Schilderungen
der eine oder andere daheim veranlasst werden könnte,
auch in der neuen Welt sein Glück zu suchen, — allein
was liege daran? Wäre es ihnen doch auch so ergangen;
warum sollten es jene besser haben als sie?

Andern Morgens musste früh aufgebrochen werden, da
wir bis zum Yellowstone-Parc noch einen weiten Weg vor
uns hatten. Die Landschaft, die wir durchquerten, bot im

allgemeinen dasselbe Bild wie tags zuvor. Mitten in der
Prärie trafen wir einige Antilopen an, die bei unserer An-
näherung eiligst die Flucht ergriffen. Ein grösserer See,
der Henry-Lake, brachte in das öde Landschaftsbild einigermassen Abwechslung. Wir bogen vor demselben nach rechts
ab und lenkten den in der Ferne auftauchenden Bergen zu.
Ungefähr zur Mittagszeit erreichten wir eine grössere An-
siedlung, die Rench-Ross-Moyne. Der Besitzer, Harry Dwelle
mit Namen, Farmer und Trapper (Jäger), ein Garçon in
der Mitte der Vierzig, bereitete uns eigenhändig ein ganz
schmackhaftes Mittagsmahl, bestehend aus Forellen, Eiern
und Elk-(Wapiti-)Hirsch-Braten. Derselbe betrieb ganz allein
die Oekonomie der Farm, — er hatte nur einen einzigen
Bediensteten als Viehwärter —, und lag ausserdem noch
recht fleissig dem Jagdsport ob, trotzdem das Jagen in
jener Gegend seitens der Regierung strengstens untersagt
war. Die Wände im Wohnzimmer waren mit einer Unzahl
von Jagdtrophäen geschmückt, darunter mächtige Geweihe,
Wilddecken von Bären, Hirschen, Wildschweinen, Füchsen etc.
Unser Wirth schien sich auch mit Wissenschaft zu befassen:
auf dem Schreibtisch lag eine Anzahl Bücher, darunter ein
grösseres naturgeschichtliches Werk, welches die Säugethiere
behandelte.

Der Mann, jedenfalls ein Sonderling, machte einen
selbstgefälligen und zufriedenen Eindruck.

Wir verabschiedeten uns von dem Gastgeber mit Dank
für die freundliche Bewirthung und setzten auf leichtan-
steigendem Wege unsere Reise fort. Nach einiger Zeit erreichten wir einen schlecht bestandenen Wald, und damit
waren wir an den Eingang zum Yellowstone-Parc angelangt.
Eine kleine, an einen Baum befestigte, Tafel kündigte dieses
an. Uns wurde diese Thatsache durch die nun beginnende,
stärkere Steigung auf der, in total verwahrlostem Zustande
befindlichen, Strasse gerade nicht sehr angenehm zu Ge-
müthe geführt.

Trotzdem von der Regierung, — Abtheilung des Innern —, für Instandhaltung der Wege im Park alljährlich 75000 Dollars verausgabt werden, befinden sich diese sämmtlich in einem unglaublich schlechten Zustande. Unser Kutscher meinte, von der für die Wege bestimmten Summe gerathe wohl der grösste Theil auf Abwege!

Im Walde lagen, rechts und links von der Fahrstrasse, unzählige, verfaulende, Baumstämme umher und zwar stellenweise in solcher Dichtigkeit, dass man hätte glauben können, es habe dort vor Kurzem ein gewaltiger Windbruch stattgefunden. — Plötzlich sausten zwei bewaffnete Reiter auf uns los, berittene Militärs, wie der Kutscher meldete, von denen mehrere Hundert im Park zum Wachtdienst stationirt sind. Die Cavalleristen erkundigten sich, ob wir Schiesswaffen mitführten: Schiessen ist im ganzen Park strengstens verboten.

Die Fahrt auf der holperigen Strasse zog sich recht langsam weiter nach aufwärts, bisweilen an so abschüssigen Felswänden vorbei, dass man schier vom Schwindel erfasst wurde. Wir waren alle recht froh, als wir endlich ohne Unfall den 2150 m hohen Tyghee- oder Tayhee-Pass erreicht hatten. Von da an ging es flott nach abwärts; eine weite Ebene breitete sich vor uns aus, in welcher an verschiedenen Stellen weisse Dampfwolken aufstiegen, — von Geysern, wie unser Kutscher erklärte —, auch bemerkten wir dort ein grösseres Gebäude, unser heutiges Ziel, das Hotel. Nach weiterer einstündiger Fahrt gelangten wir an einen breiten Fluss, den Firehole-River, der mit einiger Schwierigkeit durchfahren wurde; wenige Minuten später fuhren wir vor dem Fountaine-Geyser-Hotel vor.

Dasselbe ist ein grosses, aus Holz errichtetes, Gebäude mit geräumigen, aber einfach möblirten, Zimmern; die Wände sind nicht tapezirt, sondern nur weiss mit Kalk getüncht; die Verpflegung war recht mässig. — Im ganzen Park gibt es vier derartige Hotel-Anlagen, die alle ein und derselben

Aktiengesellschaft gehören, nämlich ausser dem schon genannten noch Norris-, Grand-Cannon- und Mammuth-Hot-Spring-Hotel; jeder weitere Anbau ist strengstens untersagt.

In dem Geyser-Gebiet.

Wir befanden uns nunmehr in dem interessantesten Theile des Parks: in dem weltberühmten Gebiet der Geyser. Es soll deren dort, die kleinsten mitgerechnet, über 5000 geben, darunter die grössten unter den bis jetzt bekannten. In jener Gegend hat sich, in einer verhältnissmässig späten geologischen Periode, eine gewaltige, vulkanische Thätigkeit abgespielt, die in Form von Geysern, heissen Quellen, Kraterbildungen und Obsidian-Felsen (mit einer glasartigen Schlacke überzogen) ihre Spuren hinterlassen hat. — In dem ganzen Gebiet lassen sich die folgenden Abschnitte unterscheiden: das obere, mittlere und Norris-Geyser-Becken, ferner die Mammuth-Hot-Spring-Terrassen und das Yellowstone-Thal.

Schon bald nach unserer Ankunft statteten wir dem nicht weit vom Hotel gelegenen Fountaine-Geyser, dem mittleren Geyser-Becken angehörend, einen Besuch ab. Wir kamen gerade dazu, als der Geyser seine Thätigkeit begann, die regelmässig in Zwischenräumen von 2—3 Stunden erfolgen soll. Aus der Geyser-Mündung drangen vorerst, unter einem fauchenden Geräusch, dichte Dampfwolken, denen bald mächtige, heisse Wasserstrahlen folgten, die mit grosser Gewalt bis zu 15 Meter Höhe emporgeschleudert wurden. Schon nach wenigen Minuten hatte sich der Geyser ausgetobt und von der ganzen Katastrophe blieb nichts übrig, als kleine, weisse Dampfwölkchen, die sowohl aus der Geyser-Mündung, wie auch in der Umgebung desselben aus dem Boden emporstiegen.

In der Nähe des Geysers liegen die Mammuth-Paint-Pots oder Mud-Puffs, zu deutsch Schlammquellen: eine an

12 Meter im Durchmesser fassende, kraterförmige Grube
ist mit einer kalkhaltigen Schlammmasse angefüllt, in welcher
es unaufhörlich arbeitet, qualmt und brodelt, wie wenn
frischer Kalk gelöscht würde. Die Bodenfläche war in
weiter Ausdehnung mit weissen Kalkniederschlägen bedeckt.

Das Upper-Geyser-Basin.

Am Morgen des 6. Juli langten wir nach ein und ein-
halbstündiger Wagenfahrt bei trüber, recht frischer, Witterung
am Upper-Geyser-Hotel an und befanden uns dort mitten
im Ober-Geyser-Becken. Dasselbe enthält an 40 Geyser,
— darunter die grössten und schönsten im ganzen Park —,
und eine Unmasse heisser Quellen. Das ganze Gelände ist,
so weit das Auge blickt, mit weissen Kalksinterablagerungen
überzogen und erinnert einigermassen an eine schneebedeckte
Winterlandschaft. Das Geyserbecken ist ringsum von Nadel-
waldungen begrenzt, welche in ihrem, recht verkümmerten,
Zustande, mit einer weissgrauen Staubmasse bedeckt, einen
geradezu kläglichen Anblick gewähren. Die mit Kalklösung
geschwängerten Bodenausdünstungen lassen keine gesunde
Pflanzen-Vegetation aufkommen.

Unter den bedeutenderen Geysern, mit zum Theil sehr
interessanten Kalksinterbildungen, sind zu nennen: der nur
wenige Minuten vom Hotel gelegene Old-Faithfull, —
der alte Getreue —, welcher fast genau in Zwischenräumen
von 65 Minuten in Thätigkeit tritt und eine mächtige
Wassersäule bis 40 Meter Höhe emporsendet. Nicht weit
davon, der Beehave, — Bienenkorb —, genannt nach
der Form des gebildeten Kalksinters; die Giantesse, welche
nur alle 14 Tage springt, und der Lyon, die alle unthätig
waren; ferner die Sawmill, Sägemühle, ein kleiner, hübscher
Geyser, der fortwährend aus zwei Oeffnungen Wasserstrahlen
ausspeit, jedoch so, dass dieselben abwechslungsweise auf-
und niedersteigen. Bei der Weiterwanderung, die Herr G.

und ich unter Führung eines, im Park als Wächter comman-
dirten, Cavalleristen antraten, gelangten wir an den Grand-
Beauty-Spring, Schönheitsquell, mit einem hübschen, grossen,
sehr regelmässig geformten, Becken aus Kalksinter; dann
vorbei an dem schönsten Geyser des Ober-Beckens; dem

Der Old-Faithfull (der alte Getreue).

Giant, und dem Grotto-Geyser, mit mehreren hübschen
Grotten in dem Sinter, — alle unthätig —, zu dem
kleinen, aber niedlichen, Young-Faithfull, der pünktlich
alle sechs Minuten seine Wasserkünste zeigt. Von dort
leicht ansteigend weiter zur Punch-Bowl; mit einer Sinter-
Bildung in Form einer Schüssel; zur Withe-Pyramide, —

6*

beides Ueberbleibsel erloschener Geyser —, und zum Splendid-
Geyser, der jeden zweiten Tag, dann aber einige Stunden
lang, seine Wasserkräfte spielen lässt. Er war so liebens-
würdig, gleich bei unserem Erscheinen eine Vorstellung zu
geben, indem er eine imposante Wassersäule 60 Meter hoch
in die Luft emporschleuderte. Kaum hatten wir diesen verlassen und auf dem Rückweg zum Hotel den Castle-Geyser,
— mit thurmförmiger Sinterbildung —, erreicht, als dieser
seine Thätigkeit begann. Derselbe springt alle 30 Stunden;
er imponirt weniger durch die Höhe der emporgetriebenen
Wassermasse (23 Meter), als vielmehr durch die Mächtigkeit
derselben.

Am Castle-Geyser holte uns der Wagen mit den Reisegefährten ab. Auf der Fahrt zu dem Fountaine-Hotel zurück passirten wir noch den Midway-Basin-Geyser und den
Excelsior-Geyser, — dieser, früher der höchste im Park, ist
seit 1890 nicht mehr thätig —; ferner zwei kleine hübsche
Seen: den Turquoise-Spring, dessen Wasser von intensiv
blauer Farbe, und den Prismatic-Lake mit auffallend klarem
Wasser.

Nach dem Abendessen machte ich noch einen Spaziergang in den, hinter dem Gasthaus gelegenen, Wald. Nach
einiger Zeit kam ich gegen eine Lichtung, woselbst sich eine
Anzahl Leute versammelt hatten, welche aufmerksam auf eine
kleine Wiese hinausblickten. Eine junge Dame, mit einem
grösseren Hund an der Leine, näherte sich mir, zeigte gegen
die Wiese hin und sagte: „Sehen Sie dort! Bären!“ In der
That erblickte ich, über der Wiese am Walde, eine Bärin
mit zwei halbausgewachsenen Jungen, die sich dort fried-
lich herumtummelten. Eine, kaum 100 Schritte links von
ihnen in einer Pferche eingeschlossene, Kuhheerde und zwei
Pferde, die, vielleicht ebenso weit nach rechts entfernt, ruhig
grasten, erregten in keiner Weise ihre Aufmerksamkeit.
Plötzlich riss sich der Hund der Dame los und stürzte
unter lautem Gebell auf die Bären zu; darauf zog sich

Meisterin Petz mit ihrer Jugend in langsamem Trabe in
den Wald zurück, der Hund hinterdrein, und noch längere Zeit vernahm man den Jagdlaut desselben aus dem
Walde her.

Den 7. Juli Morgens $7^1/_2$ Uhr Abfahrt vom Fountaine-
Hotel. Nachts hatte es geregnet; die Luft war in der Frühe
empfindlich kühl. Unser Weg führte, bei einer Furth, durch
den Firehole-River; dann allmählich ansteigend, an den
hübschen Gibbon-Fällen vorbei und weiter, in stärkerer
Steigung, durch das reizende Gibbon-Thal. Bei der Ausfahrt aus demselben lag ein weiter, mit weissem Kalksinter
bedeckter, Kessel vor uns: das Norris-Geyser-Basin, in
welchem an den verschiedensten Punkten weisse Dampfwolken, — von Geysern und heissen Quellen —, aufstiegen.
In unmittelbarer Nähe, links der Fahrstrasse, machte sich
ein Geyser, der Black-Growler, ganz besonders bemerklich.
Derselbe stiess stossweise mächtige Dampfwolken, — kein
Wasser —, mit grosser Gewalt aus unter einem weithin hör-
baren, pfeifenden Geräusch, in ähnlicher Weise, wie beim
Oeffnen des Ventils einer grossen Dampfmaschine. Ganz
dicht daneben liegt der Half-Minut-Geyser, der so ziemlich
jede halbe Minute einen heissen Wasserstrahl 5—6 Meter
hoch emporsendet.

Um 11 Uhr Vormittags langten wir beim Norris-Hotel
an. Dasselbe war schon vor längerer Zeit abgebrannt, aber
noch nicht wieder aufgebaut worden. Wir wurden in eine
hölzerne Baracke geführt, deren eine Langseite nur durch
Segeltuch abgeschlossen war. Der Direktor, — Manager —,
des Hotels begrüsste uns als die ersten Gäste des Tages
mit lautem Geschrei und unter lebhaften Gesticulationen.
Die Verpflegung zum Lunch war nicht berühmt.

Allmählich sammelte sich, von verschiedenen Seiten
herkommend, grössere Gesellschaft an. Aus einer, in den
Speiseraum eintretenden, Gruppe von Personen stürzte ein
Herr plötzlich auf mich zu, in dem ich, freudigst überrascht,

einen alten Bekannten, Herrn T., Reservelieutenant vom
Königs-Husaren-Regiment, begrüsste. Derselbe war auf
einer Rundreise durch die Vereinigten Staaten begriffen; er
kam direkt von San Franzisko und brachte unter anderem
die Nachricht, der König von Griechenland habe abgedankt;
es sei dort die Republik erklärt worden. So hätte eine
Zeitung in San Franzisko berichtet. (Diese Nachricht fanden
wir später glücklicherweise nicht bestätigt.) Wir unterhielten
uns noch mit einander, als eine grössere Reisegesellschaft
in mehreren Wagen, unter lautem Hurrah, vor dem Hotel
vorfuhr. Es war das eine, aus einer grösseren Anzahl (16?)
Personen bestehende, Stangen'sche Reisegesellschaft, deren
Führer, Herr G., den jungen Herrn Stangen schon von
weitem erkannt hatte. Unter den Theilnehmern befand sich
ein Premierleutenant, Herr Tr., den wir während der Ueberfahrt nach Amerika auf der „Ems" kennen gelernt hatten.
Derselbe sah recht angegriffen aus; die Reise schien ihm
nicht zum besten bekommen zu sein.

Unser Kutscher fuhr vor und mahnte zum Aufbruch.
Wir verabschiedeten uns von den Landsleuten und weiter
ging es dem Yellowstone-Cannon zu. Die Fahrt, die sich
auf schlechter Strasse bergauf und bergab dahinzog, bot
ausser den niedlichen Fällen des Virginia-Flusses nichts Besonderes. Bald nach 4 Uhr hatten wir das Grand-Cannon-
Hotel erreicht. Die Zimmer daselbst zeigten sich uns in
derselben puritanischen Einfachheit, wie in den anderen Park-
Hotels; die Verpflegung, von hübschen, jungen, Kellnerinnen
servirt, war dagegen wesentlich besser.

Noch am selben Nachmittag besuchten wir, zu Pferd,
die sehenswerten Punkte der Gegend; vorerst durch Wald
zum Look-out-Point, — Lugausstelle —, von wo hübsche
Aussicht auf den unteren, Lower oder grossen, Fall des
Yellowstone-Flusses; dann, auf Waldwegen ansteigend, zum
Inspiration-Point. Daselbst grossartiger Blick über das tief
eingeschnittene Flussthal mit seinen steil abfallenden, rothen,

Wänden und den zahllosen, verschieden geformten, Fels-
klippen, die meist in Thurmform aus schauerlicher Tiefe
emporsteigen; auf zwei derselben bemerkten wir Adler-
nester. — Von dort auf demselben Wege zurück bis zum
Hotel und, noch ungefähr eine halbe Meile flussaufwärts,

Der grosse Fall des Yellowstone-Flusses.

zum oberen Wasserfall. Derselbe hat nicht die Höhe, wie
der untere, wirkt aber durch die scheinbar grössere Wasser-
masse, die sich hier in einem breiteren Strombett über die
Felsen hinabstürzt, nicht weniger imponirend als jener.
Oberhalb dieses Falles finden sich nicht unbeträchtliche
Stromschnellen.

Fuhrleute, die bei Dunkelheit am Gasthaus ankamen, wollten in der Nähe vom Hotel drei Bären gesehen haben.

Am 8. Juli nach Norris zurück auf demselben Wege, wie tags zuvor. Von dort zogen wir Nachmittags weiter nordwärts in den Park hinein. Der Anfang dieser Fahrt war nicht besonders interessant. Die Strasse führte an dem Twine-Lakes, — Zwillingssee —, und dem Beaver-Lake —, Bibersee —, vorbei. In letzterem bemerkten wir verschiedene Biberbauten und Biberdämme; von den Thieren bekamen wir aber nichts zu Gesicht. Nach einiger Zeit lenkte unser Gefährt einer Gebirgswand zu, die in ihrer ganzen, respektablen Höhe mit einer glasartigen, schwarzbraunen Lavamasse, — Obsidian genannt —, überzogen war; dann erschien, nach links von uns, der kleine Swan-Lake, überragt von hohen, schneebedeckten Bergen, und bald nachher bogen wir nach rechts in die Schlucht des Gardiner-Flusses, ein kurzes, hübsches Thal mit malerischem Wasserfall (Rustic-Fall), welches durch das Golden-Gate, — eng zusammentretende, hochaufragende, wildzerklüftete, rothe Felswände —, abgeschlossen wird. Gleich nach dem Verlassen des Thales zeigte sich uns, in einem weiten Thalkessel, eine grössere Anzahl von Häusern und Ställen, — die Kaserne der im Park angestellten Wächter, — und dahinter, etwas höher gelegen, ein grösseres, ansehnliches Gebäude, das Mammuth-Hot-Spring-Hotel, welches uns zur Aufnahme dienen sollte. Dasselbe war bald erreicht. Obschon es den Hauptsitz der Hotel-Gesellschaft bildete und die Verwaltungs-Bureaux in sich barg, so war die Einrichtung der Zimmer daselbst fast noch einfacher wie in den anderen Park-Hotels; mit der Verpflegung konnte man zufrieden sein; zur Bedienung waren Schwarze angestellt, recht unsympathische Bursche.

Zum Nachmittag machten wir dem Mammuth - Hot-Spring einen Besuch. Es sind das kolossale Kalksinter-Ablagerungen von erloschenen Geysern, die in wunderbaren Formen Terrassen bilden. Dieselben umfassen ein

Areal von fast **80 Hektar**, woselbst sich 10—12 verschiedene
Terrassen **unterscheiden lassen** und an **70 warme** Quellen,
— die meisten mit kochend **heissem Wasser** —, aus dem Boden
hervorsprudeln. **Die Terrassen** erschienen wie mit Glasfluss
überzogen; sie prangten in den verschiedenartigsten Farben-
tönen: in weiss, hellgelb, rosa, braun, ockergelb, **grün und
blau.** Zu den interessantesten Bildungen gehören die Minerva-
und Jupiter-Terrasse; die Pulpit-Basins; die Pictured-Terrasse;
die Narrow-Gannya-Terrasse und **die Cupido-Höhle.**

Rückkehr aus dem Yellowstone-Park.

Damit hatten wir die Hauptsehenswürdigkeiten des Parks
kennen gelernt. Am 9. Juli, **in der** Frühe, traten wir die
Rückfahrt **an. Bei** herrlichstem **Wetter** erreichten wir zur
Mittagszeit Norris-Hotel. **Gleich nach** dem Lunch verliess
ich mit Herrn G. **das Gasthaus,** um das Norris-Geyser-Becken
zu Fuss **zu durchwandern. Unter** den vielen, **links von** der
Fahrstrasse gelegenen, Geysern, die thätig waren, fanden wir
als **die bedeutenderen:** den Constant-Spring und den Monarch-
Geyser; letzterer, der jüngste, aber auch der grösste des
ganzen Beckens, zeigte noch keine Spur von Kalksinter-
bildung.

Auf der Anhöhe, hinter dem **Geyser-Becken,** bestiegen
wir wieder unseren **Wagen, der dort gerade mit unsren**
Reisegefährten angekommen **war. In** der Nähe der Gibbon-
Fälle gewahrten wir **im Walde,** kaum 30 Schritte vom Fahr-
weg entfernt, einen Elk-(Wapiti-)Hirsch, der zwar nur Gabler
markirte, aber **gleichwohl im** Wildpret recht stark war.
Derselbe zog sich beim Herannahen unseres Wagens langsam
weiter **in den Wald hinein.**

Dieses war, abgesehen von den drei Bären, die ich am
Foutain-Hotel **gesehen** hatte, das einzige Stück Wild, was
uns im ganzen Park **zu** Gesicht kam. Wir hatten vorher
viel von dem Wildreichthum desselben gehört; man hatte

uns erzählt, dass die Büffelheerde allein noch 5—600 Stück zähle; wir hatten gehofft, daselbst auf Schritt und Tritt Wild zu begegnen und sahen uns arg enttäuscht. Neueren Nachrichten zu Folge soll es mit dem Wildbestand im Park auch gar nicht mehr so weit her sein. Trotz des strengen Jagdverbotes und der vielen, dort angestellten, Wächter lassen sich die zahlreich in der Umgegend ansässigen Wilderer nicht abschrecken, ihre einträglichen Jagdzüge zu unternehmen. Besonders dem Büffel, der sehr hoch im Preise steht, — für Haut mit Kopf eines starken Büffels zahlt man 100—150 Dollar —, wird sehr stark zu Leibe gegangen, und soll sich in Folge dessen der Bestand in den letzten Jahren so kolossal vermindert haben, dass er gegenwärtig (1896) nur noch auf höchstens 50 Stück geschätzt wird. Da man sich den Wilderern gegenüber vollständig machtlos sieht, hat man, um diese edle Thierspecis vor der gänzlichen Ausrottung zu bewahren, den Vorschlag gemacht, die noch im Park vorhandenen Thiere einzufangen und sie in den grösseren zoologischen Gärten des Landes, besonders im Thierpark zu Washington, unterzubringen.

Am Spätnachmittage trafen wir wieder im Fountain-Hotel ein. Unsere Rückfahrt nach Beaver-Cannon erfolgte bei herrlichstem Wetter auf demselben Wege und auch in derselben Weise wie die Hinfahrt zum Yellowstone-Park In der Prärie trafen wir, dicht am Fahrweg, ein Stachelschwein von fuchsrother Farbe, das wesentlich grösser war, als die schwarz-weisse Art. Wir stiegen aus und näherten uns dem Thiere, worauf es zu entfliehen versuchte. Als es merkte, dass es eingeholt wurde, rollte es sich wie ein Igel zu einer stacheligen Kugel zusammen; entrollte sich aber bald wieder, da wir es in Ruhe liessen.

Den 11. Juli Nachmittags 5 Uhr erreichten wir Beaver-Cannon, wo wir uns von unserem Kutscher verabschiedeten. Derselbe hatte sich während der 8 Tage unseres Beisammenseins unsere volle Zufriedenheit erworben. Es war ein ein-

facher Mann mit etwas rauhen Manieren, aber er zeigte
sich sehr verlässig, war recht aufmerksam und im Verkehr
mit uns bescheiden. Auf diesbezügliche Fragen berichtete
er, dass er für die Reisezeit von der Wagen-Gesellschaft
als Kutscher angestellt sei mit 25 Dollar Monats-Gehalt,
wobei er sich selbst zu beköstigen habe. Er besitze im
Staate Idaho ein kleines Anwesen, woselbst sich seine Frau
und Kinder auch gegenwärtig befänden. Im Staate Idaho
bezahle er auch seine Steuern; dieselben seien durchaus
nicht gering; sie betrügen, obschon seine Einnahmen kaum
zum Unterhalt seiner Familie reichten, 15 Dollar pro Jahr;
an die Bundesregierung zahle er keine Steuern.

Im Gasthaus zu Beaver-Cannon trafen wir ein halbes
Dutzend junger Mädchen: Töchter der Wirthsleute und einige
Freundinnen derselben. Es waren lustige und, einige darunter,
auch recht niedliche Dinger, die alle nur Englisch plapperten
und kein Wort Deutsch verstanden. Wir stellten die Wirthin
darüber zur Rede, dass sie ihre Kinder nicht Deutsch, — ihre
Muttersprache —, habe lernen lassen; worauf jene: Ihr
Mann und sie sprächen nur das schlechte Plattdeutsch ihrer
Heimath; das zu erlernen würde ihren Kindern nichts ge-
nützt haben, da das ja doch Niemand in jener Gegend
verstehe. In den Schulen werde Englisch gelehrt, nicht
aber Deutsch, und so hätten sie vorgezogen, mit ihren
Kindern nur Englisch zu sprechen.

Wir verliessen Beaver-Cannon mit dem Nachtzug (10 Uhr
Abends). In der Nacht wurde ich durch ein lautes Geräusch
aufgeweckt; ich glaubte, einen schweren Schlag gegen das
Dach des Waggon wahrgenommen zu haben, wie wenn dort
ein schwerer Gegenstand niedergefallen wäre. Ich vernahm
Herumrennen im Waggon und lebhaftes Sprechen, dann
wurde es wieder ruhig. Anderen Morgens erfuhr ich, dass
eine Dame, im Traum, aus ihrem, oben befindlichen, Bett
auf den Boden des Waggon heruntergefallen war; sie hatte,
ausser einigen blauen Flecken, zum Glück weiter keinen

Schaden genommen. Früh 8 Uhr trafen wir in Ogden ein,
woselbst wir bis 12 Uhr Aufenthalt hatten. So war hinreichend Zeit zur Besichtigung der Stadt. Dieselbe, eine
noch recht junge Anlage, ist in bester Entwicklung begriffen, ihre Lage, in nächster Nähe des Salzsees und von
hohen Bergen eingeschlossen, ist recht hübsch. Sie zählte
im Jahre 1890 schon 15 000 Einwohner.

Von Ogden über die Sierra Nevada nach San Francisco.

Abfahrt von Ogden um $12^1/_4$ Uhr Mittags mit einem
Express-Zug der Central-Pacific-Railroad. Der Beginn der
Fahrt, durch die sogenannte grosse Amerikanische Wüste,
war recht einförmig; zu beiden Seiten der Bahnlinie öde
Prärie-Landschaft, begrenzt von bald weiter, bald näher
rückenden, vulkanischen, Gebirgsformationen. Bei Station
Terrasse nahmen wir im Bahnhof-Restaurant ein recht
miserables Souper ein. Tecoma, 157 Meilen von Ogden,
ist Grenzstation des Staates Nevada. Gleich hinter Wadsworth begann der Anstieg zur Passhöhe der Sierra Nevada;
die Landschaft wurde interessanter; der Zug durcheilte eine
lange Reihe von hölzernen Galerien, — Schneegalerien,
wodurch die Aussicht sehr beeinträchtigt wurde —, und erreichte die Passhöhe (1672 Meter) in grossartiger Hoch-
gebirgslandschaft bei Summit-Station, woselbst er durch
einen nur 485 Meter langen Tunnel tritt.

Es ist eine auffallende Erscheinung bei den Eisenbahnen
in den Vereinigten Staaten, dass man auf den Gebirgs-
strecken verhältnissmässig so sehr selten Tunnels antrifft;
nirgendwo aber von einer solchen Länge, dass sie mit den
bedeutenderen in Europa auch nur einigermassen verglichen
werden könnten. Das liegt in der Art und Weise, wie sich
dort die Eisenbahnen entwickelt haben: Sämmtliche Bahnstrecken sind durch Privatgesellschaften angelegt worden.

Dieselben erhielten vom Staate die Concession zur Erbauung
irgend einer Bahnstrecke ohne allen Vorbehalt; ausserdem
aber wurde ihnen sowohl das für den Bahnkörper erforderliche Land, wie auch die, zu beiden Seiten an denselben angrenzenden, Ländereien kostenlos überlassen. Sobald mit Vorhandensein der Bahnen Ansiedler in jene
Gegenden herangelockt werden konnten, musste sich der
Verkauf jener Landstrecken leicht und unter grossem Nutzen
ausführen lassen. Die Bahn-Gesellschaften hatten sonach
ein grosses Interesse daran, die Bahnlinien möglichst schnell
in Betrieb zu bringen. Das hatte zur Folge, dass der Bau
derselben überhastet und recht mangelhaft ausgeführt wurde.
Traten im Gelände, in Gestalt von Gebirgszügen oder
grösseren Flüssen, Hindernisse entgegen, so suchte man
diese, wo es nur eben anging, zu umgehen, auch selbst,
wenn dadurch erhebliche Umwege geschaffen wurden. War
es durchaus nothwendig, einen hohen Gebirgsstock zu über-
schreiten, so trat man gar nicht an die Frage heran, ob
nicht ein grösserer Theil der zu ersteigenden Höhe durch
Anlegen eines Tunnels verringert werden könnte, sondern
man zog es vor, die Schienenwege möglichst über die ganze
Höhe der Gebirgszüge zu führen. Die so fertig gestellten
Einrichtungen funktionirten anfangs ganz leidlich; doch bald
stellten sich mehr oder weniger grosse Mängel ein, und in
der Winterszeit wurde der Verkehr gänzlich unmöglich, da
die Züge die, in den Bergen an einzelnen Stellen ange-
sammelten, gewaltigen, Schneemassen nicht zu durchdringen
vermochten, und im Frühjahr durch niedergehende Lawinen
in hohem Maasse gefährdet wurden. Das einzige und
sicherste Mittel, diese Verkehrsstörungen für die Folge zu
beheben, wäre gewesen, den gefährlichsten Stellen durch
Tunnels aus dem Wege zu gehen. Allein, selbst nach den
gemachten, bösen, Erfahrungen, konnte man sich zu solch
einer energischen Abwehr, — deren Ausführung freilich viel
Zeit und Geld erfordert hätte —, nicht entschliessen. Man

begnügte sich vielmehr damit, durch, aus Holz erbaute, Galerien die bedrohten Bahnstrecken zu schützen. Da das hierzu erforderliche Holz aus den benachbarten Wäldern billig und leicht herbeigeschafft werden kann, so findet man auf den Hochgebirgsbahnen solche Schneegalerien, in höchst primitiver Ausführung, überall, oft sogar in meilenweiter Ausdehnung.

Die Abfahrt von der Passhöhe bis Sacramento erfolgte auf sehr steilem Abstieg; die Bahn führte stellenweise auf so schmalen Felsbändern an Abgründen entlang, dass für die Bahnspur kaum Raum blieb. Auch auf jener Gebirgsseite wurde die grossartige Aussicht vielfach durch Schneegalerien unterbrochen. Bei Reno, 589 Meilen von Ogden, tritt die Bahn in den Staat Californien ein. Man gelangt in kürzester Zeit aus der Schneeregion, auf der Passhöhe, in eine subtropische Landschaft. Schon weit vor Sacramento erschienen, zu beiden Seiten der Bahnlinie, ausgedehnte Maisfelder und Weingärten. Von jener, in der Ebene liegenden, Stadt an durcheilte der Zug, dem Sacramento-Fluss folgend, eine fruchtbare, zum Theil aber recht sumpfige, Gegend. Bei Station Suisun wurde der ganze Eisenbahnzug, mitsammt der Maschine, auf das Riesentrajekt „Solano" geschoben und über einen Theil des Meerbusens nach Port-Costa übergesetzt. Alsdann ging die Fahrt wieder weiter, stets dem Meerbusen von San Francisco entlang, bis Oakland. Daselbst verliessen wir den Zug und gelangten mit einer Ferry über die dort vier Meilen breite Bucht nach San Francisco (9 Uhr Abends). Die Strecke Ogden-San Francisco, 830 Meilen, hatte der Express-Zug sonach in 33 Stunden zurückgelegt, das macht 25 Meilen für die Stunde.

Ankunft in San Francisco.

Wir wurden im Palace-Hotel ganz vorzüglich untergebracht. Jeder von uns erhielt einen, mit allem Comfort eingerichteten Salon, mit dazu gehörendem Badezimmer,

Closet und Waschraum. Das Hotel, an der Ecke der Market- und Montgomery-Strasse gelegen, vermag 1200 Gäste aufzunehmen. Es stellt ein palastartiges Gebäude von gewaltiger Ausdehnung dar und macht seinem Namen alle Ehre. Von dem grossen Lichthof, der zugleich als Restaurationsraum dient, führen die Zugänge zu den verschiedenen Sälen und auch zu den Treppen; längs der verschiedenen Stockwerke laufen Galerien, von denen aus man zu den Wohnzimmern gelangt. Auch die Verpflegung war recht gut und wohl geeignet, selbst einen verwöhnten Gaumen zufrieden zu stellen. Doch geradezu Hervorragendes leistete die Küche, wenn ein Diner nach European plan verlangt wurde. Durch ein Missverständniss bestellte einer unserer Gefährten ein derartiges Diner für uns, und die aufgetragenen Speisen waren in ihrer Auswahl wie Zubereitung so vorzüglich, wie man das bei uns nur in Häusern allerersten Ranges erwarten darf, aber die Preise waren auch, — selbst für amerikanische Verhältnisse —, kolossal hoch.

Die Verpflegung erfolgt in den Hotels, wenn nicht direkt anders verlangt wird, nach American plan, d. h. man gibt sich in Pension mit voller Verpflegung. Man hat alsdann das Recht, an den drei Mahlzeiten: Breakfast, Lunch und Dinner, sich aus den ausliegenden Riesenspeisekarten Gerichte nach Belieben auszuwählen. Für solche Gäste, die sich nicht in Pension geben und nach europäischer Weise, — European plan, — verpflegt sein wollen, gibt es eine andere Speisekarte, auf welcher die einzelnen Gerichte mit Preisen verzeichnet sind. Letztere sind zwar sehr hoch, doch die Portionen imponiren sowohl durch ihre Grösse als besonders durch eine ganz vorzügliche Zubereitung der Speisen.

San Francisco.

San Francisco, von den Amerikanern meist Frisco geheissen, hat sich aus dem mexikanischen Dorfe Yerba

Buena, — gutes Kraut —, entwickelt. Dieses wurde 1835 gegründet; kam 1846 an die Vereinigten Staaten und erhielt 1847, nach einer 3 Meilen nördlich davon gelegenen Franciscaner-Mission, den Namen San Francisco. Der Ort hatte 1848 nur 500 Einwohner, nahm aber mit dem Auffinden des Goldes in Californien einen kolossalen Aufschwung: 1850 zählte er schon 25 000 Einwohner; die Volkszählung 1890 ergab eine Bewohnerzahl von 298 997.

Die Stadt liegt herrlich auf einer 30 Meilen langen Halbinsel, welche den grossen Ocean von der San Francisco-Bucht trennt. Die Ufer der Bucht und die angrenzenden Hügel sind am dichtesten bebaut; doch reicht die Stadt im Norden schon bis zum Golden Gate (Goldenes Thor), — der schmalen Einfahrt (1 Meile breit) vom Ocean in die Bucht von San Francisco, — und dehnt sich allmählich auch weiter gegen den Ocean zu aus. Vom Telegraf-Hill, einem im Nordosten der Stadt gelegenen, 90 Meter hohen, Hügel, hat man einen hübschen Ueberblick über Stadt und Umgebung.

Die Vermittelung des Verkehrs in dem sehr hügeligen Gelände der Stadt bot anfangs grosse Schwierigkeiten; Pferdebahnen zeigten sich ganz und gar ungeeignet; da machte sich der praktische Erfindungsgeist der Amerikaner geltend und schuf mit den Cable-Cars, — Drahtseilbahnen —, das einfachste und sicherste Mittel, der Schwierigkeit Herr zu werden. Nunmehr überzieht ein vorzüglich angelegtes Netz dieser Bahnen alle bedeutenderen Strassen, und mit Staunen sieht man die Cabelwagen die steilsten Anstiege in den Strassen spielend überwinden.

Das Klima von San Francisco, unter einer Breitenlage von 37° 47', ist ein gleichmässiges; die mittlere Jahrestemperatur beträgt 14° C.; die Zeit vom September bis November soll die angenehmste sein. Im Hochsommer treten grosse Temperaturschwankungen auf; sehr häufig verbreiten sich gegen Mittag über die Stadt, vom Ocean schnell anrückende, Nebel und bringen bedeutende Abkühlung. Die ansässige Einwohnerschaft schützt sich dagegen durch wärmere Kleidung. Wir waren sehr erstaunt, am 20. Juli bei hellem, warmem, Sonnenschein die Damen mit Boa und die Herren in Ueberzieher einhergehen zu sehen; doch wir begriffen diese Vorsicht recht gut, als sich Mittags, mit dem auftretenden Nebel, ein empfindlich kühler Luftzug bemerklich machte.

San Francisco bietet ganz das Bild einer modernen, amerikanischen Stadt. Die meisten Häuser sind noch aus Holz erbaut; doch haben in verschiedenen Strassen die kleinen Holzbaracken schon stattlicheren Steinbauten weichen müssen. Bei der Rückkehr von einem Ausflug bot sich uns in der Stadt ein eigenartiger Anblick dar: wir trafen mitten in einer Strasse ein zwei Stock hohes Holzhaus, welches auf Rollen langsam fortbewegt wurde. Dasselbe sollte ausserhalb der Stadt wieder Platz finden, während an seiner alten Stelle ein solides Steinhaus aufgeführt wurde. Grössere und besonders Monumentalbauten giebt es dort nur wenige. Als solche sind eigentlich nur zu nennen: die unvollendete City-Hall im Yerba buena-Park, das Palace Hotel und, diesem in der Market-Street gegenüberliegend, das Chronicle Building.

Von den Sehenswürdigkeiten der Stadt verdient vor allem Erwähnung der Golden-Gate-Park, der sich fast drei Meilen weit bis zum Ocean hin erstreckt und ein Areal von 400 Hektar umfasst. Der Park ist hübsch angelegt: Eucalyptus globulus und Monterey-Cypressen sind in grosser Anzahl angepflanzt und gedeihen recht gut; auch einige Palmenarten finden sich dort in kleineren Exemplaren; doch die Anlage als Ganzes erschien noch recht neu und unfertig. In einem eingezäunten Abtheil des Parks waren vier Stück Büffel: zwei Stiere und zwei Kühe, untergebracht.

Von Golden-Gate-Parc gelangten wir nach kurzer Wagenfahrt zum Sutro-Heights-Parc. Derselbe wurde von einem Herrn Sutro in einer öden Sandwüste angelegt. Das üppige Aussehen der schönen Baum- und Pflanzengruppen sprechen am besten für das günstige Fortkommen derselben. Von der Terrasse der hübschen Villa bietet sich eine weite Aussicht über den Ocean: bei hellem Wetter bis zu den 30 Meilen vom Festland entfernt liegenden Inseln Farralone.

Von dem Sutro-Hügel steigt man direkt hinab zu dem Chliff-House: Hotel und Restaurant mit grossen, öffentlichen Bädern.

In unmittelbarer Nähe des Landes befinden sich dort die Seal-Rocks, — mehrere aus dem Wasser hervorstehende Felsen —, auf welchen einige Hundert Seelöwen mit heiserem Gebrüll ein neckisches Spiel treiben. Drei derselben zeichnen sich durch eine ganz respektable Grösse aus; das Gewicht des grössten wird auf 16 Centner geschätzt. (Im Frühjahr, 1896, hat eine Feuersbrunst das Cliff-House zerstört; seitdem sollen sich die Thiere nicht wieder gezeigt haben.)

Auf weiterer Fahrt, längs des Meeres, erreichten wir bald das Präsidio oder die Government-Military-Reservation, eine Militär-Colonie, von zwei Infanterie-Regimentern besetzt. Sie umfasst mit ihren Gebäuden und Parkanlagen einen Flächenraum von 600 Hektar und bietet von den Promenadewegen aus hübsche Aussichten auf das Meer und die Stadt.

China-Town.

Die interessanteste Sehenswürdigkeit von San Francisco ist China-Town: das Chinesen-Viertel. Dasselbe bildet ein grosses Häusermeer mit nur wenigen, engen, Gassen; es liegt zwischen Stockton-, Sacramento-, Kearny- und Pacific-Strasse. An 25 000 Chinesen, fast nur Männer, leben dort für sich abgeschlossen, ganz so wie in ihrer Heimat. An einem Abend machten wir, unter Führung eines Detectivs, einen Ausflug dorthin. Es herrschte in der ganzen Chinesenstadt ein unbeschreiblicher Gestank; ganz besonders machten sich Handlungen mit Lebensmitteln in unangenehmer Weise bemerklich. Es wird in diesen Läden alles, was nur den Chinesen zur Nahrung dient, feil gehalten: Obst, Gemüse, Colonialwaaren, Fleisch von den verschiedensten Thieren, — besonders viel Enten —, und zwar sowohl frisch geschlachtet, wie gesalzen und geräuchert; endlich in grosser Reichhaltigkeit Fische, frisch und gesalzen; gerade von diesen letzteren verbreitete sich weithin ein, für unsere Nasen wenigstens, höchst ekelhafter Geruch.

In einer Apotheke sahen wir die merkwürdigsten Gegenstände herumhängen: getrocknete Schlangen, Frösche, Spinnen und anderes hässliches Gethier. Dergleichen wird, wie man uns sagte, zu Arzneien verwendet und ist nach Ansicht der Chinesen sehr heilsam gegen verschiedene Leiden.

Auch eine Opiumkneipe wurde aufgesucht: so werden die Spelunken benannt, in welchen Opium geraucht wird. In einem engen, spärlich erleuchteten, dumpfen, Gelass lagerten einige 20 Gestalten in mehr oder weniger vernachlässigter Kleidung, fast alle mit leidendem Gesichtsausdruck. Dieselben sogen, unter einem gurgelnden Geräusch, aus langen Pfeifen den, mit Opium gesättigten, Tabaksrauch in grossen Zügen in die Lungen ein, bis sie, betäubt, rücklings hinsanken und mit gläsernen Augen ins Leere starrten: ein widerlicher Anblick!

Das chinesische Theater, wohin wir durch unseren Führer geleitet wurden, erregte ganz besonders unser Interesse. In einer engen Gasse betraten wir eines der düsteren, grossen, Häuser und gelangten, Treppe auf und Treppe ab, über verschiedene, dunkle Gänge und durch mehrere, kleine, bewohnte, Zimmer endlich auf die Bühne. Dort fanden wir schon ein grösseres Publikum versammelt, — Chinesen und einige Weisse; erstere waren meist bei der Aufführung thätig; letztere gehörten mit zu den Zuschauern.

Der weite, niedere, Theatersaal war fast bis auf den letzten
Platz besetzt; für die wenigen Weiber war ein Raum ab-
gegrenzt; es sollen im Ganzen an 2000 Besucher anwesend
gewesen sein. Fast alles rauchte und spuckte; mit den
Zündhölzern wurde recht sorglos umgegangen: man warf
sie nach dem Gebrauch, meist noch brennend, auf die, den
Boden bedeckenden, Teppiche; dass dabei kein Brand aus-
brach, war wirklich zu verwundern. In dem Saale herrschte
eine drückende Schwüle. Die Luft wurde durch die Ueber-
füllung des Lokals und vor Allem durch den Tabaksqualm
bald in einer Weise verpestet, dass man glaubte, bei längerem
Aufenthalt darin ersticken zu müssen.

Die Stücke, welche auf chinesischen Theatern zur Aufführung gelangen, nehmen gewöhnlich mehrere Abende, bisweilen sogar Wochen, in Anspruch; ein Paar Scenen reichen
fast immer für einen ganzen Abend. Bei unserer Anwesenheit
spielte eine Scene, in welcher ein älterer Mann ein junges Mädchen als Frau heimführen will. Die Kleine verhält sich zu Anfang durchaus ablehnend und giebt ihre Abneigung gegen den
Alten deutlich zu verstehen. Nach längerem Verhandeln, und
besonders nach Ueberreichung kostbarer Geschenke, ist ihr
Widerstand gebrochen; sie reicht dem Alten die Hand, wird
von demselben an ein Bett geführt, welches bei offener
Scene mitten auf die Bühne hingestellt wurde; beide legen
sich hinein, und darauf fiel der Vorhang.

Die Rolle der jungen Frau wurde von einer jungen
Chinesin gegeben. Das bildete eine grosse Ausnahme; denn
gewöhnlich treten auf den chinesischen Theatern nur Männer
auf, und auch Frauenrollen werden von Männern gegeben.
Jene Schauspielerin soll ihres grossen Darstellertalentes wegen
berühmt sein und dafür auch eine recht gute Gage beziehen,
nämlich, wie uns ein Theater-Agent versicherte, 3000
Dollars!?

Wir hatten bald genug von dem Aufenthalt in dem über-
füllten Raum, verliessen auf demselben Wege, auf welchem

wir gekommen waren, das Haus, und waren **alle** recht froh,
als wir mit heiler Haut wieder die Gasse erreichten. Unwill-
kürlich musste **man** daran denken, wie leicht bei dem sorg-
losen Umgehen mit dem Feuer ein Brand ausbrechen könnte,
und dass dabei der weitaus grösste Theil der im **Hause**
Anwesenden einem sicheren Tode verfallen würde.

Auf unserer weiteren Wanderung warfen wir auch **noch**
einen Blick in eines der verrufenen Häuser. Wir fanden
daselbst, ausser einigen älteren Weibern, eine jüngere Chinesin,
im Alter von vielleicht 17 Jahren, ein wahres Scheusal **an**
Gemeinheit.

Zum Schluss begaben wir uns in ein Theehaus, welches
gut von Chinesen besucht **war**. Der nach Landessitte zu-
bereitete Thee, ohne Zucker, mundete uns Allen nicht, trotz
der gepriesenen Reinheit **und Güte, und bald** mahnten wir
unsern Führer zum Aufbruch. Wir verliessen die Chinesenstadt mit dem Gefühl, daselbst sehr viel Sehenswerthes
kennen gelernt zu haben; waren aber gleichwohl zufrieden,
dass diese wechselvollen, doch meist sehr düsteren, Bilder
hinter uns lagen.

Ausflug zum Yosemite-Thal.

Am 15. Juli traten wir eine Parthie **nach** dem Yosemite-
Valley an. In San **Francisco hatte sich uns noch ein weiterer**
Reisegefährte, ein Privatier **H. aus Hamburg**, angeschlossen.
Derselbe war, nachdem er mit einer Stangen'schen Reisegesellschaft die Ausstellung in Chicago besucht hatte, allein
weiter gereist, besuchte **einige** Orte Süd-Californiens und
wollte nun die weitere Reise um die Erde mitmachen.

Das Yosemite-Thal liegt sehr weit ab von den Haupt-
verkehrswegen; der Besuch desselben erfordert von **San**
Francisco zum mindesten 6—7 Tage; ist **sehr** kostspielig
und recht mühsam. **Ein** Rundreise-Billet San Francisco-Yose-
mite-Valley kostet 40 Dollars.

Wir verliessen San Francisco mit der Eisenbahn um 4½ Uhr Nachmittags. Gegen 11 Uhr Nachts erreichten wir die 178 Meilen entfernte Station Berenda. Daselbst wurde unser Waggon einige Male hin- und hergefahren, auf ein todtes Geleis gebracht und losgekoppelt; der Zug fuhr weiter nach Los Angeles. Wir blieben dort mit einem halben Dutzend, uns fremder, Passagiere, die wohl dasselbe Reiseziel hatten wie wir, bis zum Morgen unter der Obhut eines schwarzen Dieners.

Um 6 Uhr früh kam ein Zug aus einer anderen Richtung an. Unser Waggon wurde an diesen angeschlossen, und nach ungefähr einer Stunde Fahrzeit erreichten wir Raymond, die Endstation einer Secundärbahn. Von dort wird die weitere Strecke zum Yosemite-Thal mit Wagen zurückgelegt.

Nachdem wir in dem, sehr einfachen, Gasthaus Sentinel, — so benannt nach einem der Berge des Yosemite-Valley —, ein recht mässiges Frühstück eingenommen hatten, fuhr eine Art Reisewagen vor: ein schwerfälliges Ungethüm, ohne jeden Comfort, der sich auf den ersten Blick als ein wahrer Marterkasten kennzeichnete. Vier Querbänke mit Spuren von Polsterung waren darin zum Sitzen angebracht.

Wir wurden zum Einsteigen aufgefordert. Mit uns Sechs mussten noch vier Personen, darunter zwei Damen, — eine Russin und eine Engländerin —, Platz finden. Die Russin, eine jüngere, sehr lebhafte, Dame, Frau eines Ingenieurs, hatte mit ihrer Freundin, einer englischen Sprachlehrerin aus St. Petersburg, die Ausstellung in Chicago besucht und sich alsdann noch zu einem Abstecher ins Yosemite-Valley entschlossen. Sie war auch in Deutschland bekannt und hatte sich, vor ihrer Verheirathung, mit ihrer Mutter häufiger längere Zeit in Heidelberg aufgehalten.

Sobald wir Platz genommen und unsere Gliedmaassen, nicht ohne Schwierigkeit, untergebracht hatten, setzte sich das Gefährt in Bewegung, und nun begann für uns eine

Marterung, die jeder Beschreibung spottet. Die Fahrstrasse, die vielleicht vor langer Zeit einmal als solche angelegt worden sein mag, vielleicht aber auch einzig und allein durch das häufiger, dort verkehrende, Fuhrwerk sich gebildet hat, — zur Instandhaltung geschieht jedenfalls gar nichts —, befand sich in einem schauderhaften Zustand. Es wechselten Untiefen und Erhöhungen in steter Folge. Der, mit vier starken Pferden bespannte, Wagen tanzte in einem fort auf und ab: man hatte das Gefühl, als wenn man über ein frisch gepflügtes Ackerfeld dahinjagte. Ein jeder hatte vollauf zu thun, sich an den eisernen Seitenstangen des Wagens festzuhalten, um nicht hinausgeschleudert zu werden. Bei Ueberwindung grösserer Hindernisse, die sich in Gestalt von höher vorragenden Steinen oder Baumstümpfen im Wege entgegenstellten, erlitt unser, nur mit geringer Federung versehenes, Fahrzeug jedesmal eine derartige Prellung, dass wir hoch emporgeschnellt wurden und recht unsanft auf die harten Sitze zurückfielen. Den Damen entschlüpften dabei häufiger laute Schmerzensäusserungen.

Diese Vergnügungsfahrt wurde um so qualvoller, da wir sie bei sengender Sonnengluth zurücklegten, wobei der Staub, welcher in Folge lang herrschender Trockenheit fusshoch auf der Strasse lagerte, emporgewirbelt wurde und unser Fuhrwerk derart in eine Staubwolke einhüllte, dass man kaum die Vorderpferde erkennen konnte.

Die Gegend, die wir durchfuhren, war ziemlich eben und einförmig; in weiter Ferne liessen sich ab und zu hübsche Bergformationen erkennen. Auf einem Acker, nicht weit von Station Raymond entfernt, bemerkten wir Schaaren von Hasen, in Farbe und Gestalt unsern Feldhasen gleich, doch wesentlich kleiner. Diese Wildart soll in einigen Staaten Nordamerikas derart überhand genommen haben, dass sie geradezu eine Calamität für die Landwirthschaft geworden sei.

Auf unserer Fahrt fand mehrere Male Pferdewechsel

statt; der dabei nothwendige Aufenthalt wurde von uns dankbarst begrüsst und dazu verwendet, die eingekeilten, und fast abgestorbenen, Gliedmaassen wieder in normaler Weise zu bewegen. In Grant's — Sulphur — Springs, 25 Meilen von Raymond, gab es Zeit zum Mittagsessen. Die Verpflegung in dem Hotel daselbst war höchst bescheiden. Von dort zeigte sich die Landschaft etwas freundlicher: hübsche Waldungen traten zu beiden Seiten bis an die Strasse heran. 6¹/₂ Uhr Abends erreichten wir Hotel Wawona, 36 Meilen von Raymond, unser Endziel für jenen Tag.

Wir fanden daselbst ziemlich viel Gesellschaft vor, ausschliesslich Englisch-Amerikaner. Die uns in dem, ganz aus Holz erbauten, Gasthaus angewiesenen Zimmer waren sehr einfach eingerichtet und auch die Verpflegung war nicht prunkend. Nachdem wir uns einigermaassen von dem Staub der Strasse gereinigt hatten, suchten wir den Speisesaal auf, um das Abendbrot zu nehmen. Dank des allerseits vorhandenen, guten, Appetits mundete das recht mittelmässige Mahl ganz gut. Ein Glas Champagner, welches an jenem Abend zum Hinabspülen des verschluckten Strassenstaubes für nothwendig erachtet wurde, liess die überstandenen Strapazen und Mühsale bald vergessen. Der herrliche Abend hielt unsere Wagengesellschaft bei anregender Unterhaltung und Gesang, — ein Herr liess seinen Tenor in die Nacht hinausschallen —, noch ziemlich lange auf der Terrasse des Hotels beisammen.

Am nächsten Morgen ging es schon um 6 Uhr wieder weiter. Die Strasse stieg bald steil bergan; die Gegend wurde allmählich grossartiger; hin und wieder boten sich recht hübsche Aussichten dar. Die Berge rückten näher an die Strasse heran; mächtige Nadelholzwaldungen spendeten zeitweise Schatten und mässigten in wohlthuender Weise die Sonnengluth.

Die Bäume imponirten durch ihren schlanken Wuchs, wodurch die gewaltige Höhe der meisten weniger auffiel.

Sowohl Boden- wie Witterungs-Verhältnisse schienen ein
üppiges Pflanzenwachsthum zu begünstigen. Ausser dem
gesunden und kräftigen Aussehen der Bäume sprachen dafür
auch die mächtigen Tannenzapfen, die sowohl an den
Zweigen hingen, wie auch massenhaft den Boden bedeckten.
Wir fanden unter letzteren Exemplare von gut Armesdicke
und über Fuss Länge. Die meisten der, längs der Strasse

Das Yosemite-Thal.

stehenden, Bäume waren mehr oder weniger stark angebrannt.
Vorbeiziehendes Volk hatte dort wohl Kochfeuer angelegt
und, da Holz in jenen Gegenden als herrenloses Gut und
ohne besonderen Werth erachtet wurde, so hatte sich
ein Jeder für seine Feuerstelle einen frischen Baum aus-
gewählt.

In den Waldlichtungen, besonders aber in den ein-
geschnittenen Wasserrinnsalen, entfaltete sich die herrlichste

südländische Vegetation: Azaleen und Rododendren prangten
dort in üppigster Blumenpracht, und blühende Lilienarten
schwängerten die Luft mit einem betäubenden Wohlgeruch.

Mit 1890 Metern erreicht die Strasse ihre höchste Höhe
und fällt dann steil abwärts. Am Inspiration-Point (1700
Meter) 24 Meilen von Wawona, einem 500 Meter über dem
Thal gelegenen Felsenvorsprung, hat man einen überraschend
schönen Blick über das Thal und die dasselbe auf allen
Seiten einschliessenden, hübsch geformten Bergriesen.

Von dem Aussichtspunkt senkt sich die Strasse mit vielen
Windungen, wobei öfters hübsche Ausblicke, bis zur Thalsohle. Alsdann geht es ziemlich eben weiter; eine kleine
Brücke führt über den Bridal-Veil-Creek, — Brautschleier-
bach —, so genannt nach dem herrlichen Wasserfall, welchen
der Bach an der Felswand, gleich oberhalb der Brücke, bildet.
Dann auf einer grösseren Brücke, — El-Capitan-Bridge —,
die ihren Namen von dem, in der Nähe liegenden, imposan-
testen Berge des Thales hat, über den Merced-Fluss. Nunmehr folgt die Fahrstrasse auf dem rechten Ufer ziemlich
genau dem Flusslauf; es erscheint in der Ferne der
mächtige Yosemite-Wasserfall und bald wird das Dorf Yose-
mite erreicht. Daselbst befindet sich Bernard's Hotel zum
Wasserfall mit der Office des Thal-Aufsehers: 10 Minuten
thalaufwärts liegt Stoneman-House, die Endstation der Stage-
Route (Wagen). Fast genau um 1 Uhr langten wir dort
an. Die Lage des Hotels, ganz am Ostende des Thals, ist
recht hübsch; Unterkunft und Verpflegung waren zufriedenstellend.

Das Yosemite-Valley.

Das Yosemite-(Grosser Grisli-Bär)-Valley ist ein 8 Meilen
langes und $1/_2$—2 Meilen breites Hochthal, 1200 Meter über
dem Meer gelegen. Mächtige Felswände, die fast senkrecht
900—1500 Meter emporsteigen, umschliessen dasselbe. Wohin
auch das Auge blickt, nach keiner Richtung erspäht man

einen Ausweg. Ein Kranz hübsch geformter Bergspitzen
bildet gleichsam die Krönung des Thales. Die auffallendsten
unter denselben sind: El Capitan, three Brothers mit dem
Eagle Peak, North-Dome, South- oder Half-Dome, mit
1443 Metern die höchste Spitze; Sentinel-Dome und die

Die Cathedral-Spires.

schlanken Cathedral-Spires, die einige Aehnlichkeit mit
den Münchener Frauenthürmen haben. Im Thal giebt es ein
halbes Dutzend Wasserfälle, worunter die bedeutendsten:
der schon genannte Brautschleierfall, der auf der Süd-
seite 275 Meter hoch über eine Felswand hinabstürzt, dabei
in Nebel zersprühend; dann auf der Nordseite die Yosemite-

Fälle, welche ihre Wassermassen in drei Absätzen aus einer
Höhe von 790 Metern in das Thal hinabschleudern und
endlich der Vernal- und Nevada-Fall, im Osten oberhalb des Thales gelegen.

Der Thalboden wird von dem Merced-Flüsschen mit

Die Yosemite-Fälle.

seinen silberhellen Fluthen bewässert; er bietet durch den
üppigen, mit Blumen und Farnen reich geschmückten, Gras-
teppich und durch den Reichthum an herrlichen Riesenbäumen
ganz das Bild einer grossartigen Parkanlage.

Die Entstehung des Thales führen neuere Forscher nicht

auf Erosion, wodurch weitaus die meisten Thäler gebildet wurden, sondern auf gewaltige Erderschütterungen zurück. Dabei wären die Berge auseinandergesprengt worden, und der Fluss habe dann im Laufe der Zeiten, durch mitgeführtes Geröll, der Thalsohle allmählich die jetzige Gestaltung gegeben.

Ausflüge im Yosemite-Valley.

Gleich am Nachmittage nach unserer Ankunft unternahmen wir einen Ritt zu dem Vernal- und Nevada-Wasserfall. Hübsche Tour ca. vier Meilen thalaufwärts dem Merced-Fluss folgend. Der mächtige Bergstrom stürzt sich, in zwei Absätzen, fast 300 Meter hoch über den Felsen herab; der obere, Nevada Fall, mit 186 Metern und der untere, Vernal-Fall, mit 100 Metern. Der Reitweg, — eigentlich mehr Saumpfad —, führt bis zur Höhe des Vernal-Falles. Nach kurzem Aufenthalt daselbst kletterten wir auf eisernen Leitern, die an der, fast senkrecht, abfallenden Felswand angebracht sind, vom Rande des Falles direkt nach abwärts und gelangten, nach Ueberwindung einiger Schwierigkeiten, ziemlich durchnässt von dem aufspritzenden Wasser, am Fusse desselben an. Dort fanden wir unsere Reitthiere wieder vor, und nach kurzem Ritt erreichten wir das Hotel.

Am nächsten, einem wolkenlosen, recht heissen, Tage wurde zunächst dem Miror-Lake, — Spiegelsee —, ein Besuch abgestattet. Der kleine Bergsee, 2 Meilen von Stoneman-House, am Eingang in das Tenaya-Thal, zu Füssen des Half-Dome gelegen, bildet eine reizende, idyllische, Scenerie in der grossartigen Gebirgslandschaft. Er hat seinen Namen von den wundervollen Spiegelungen der Umgebung in seinen klaren Fluthen. Das schönste Bild bietet sich Morgens dar, — im Sommer gegen 8 Uhr —, unmittelbar bevor die Sonne über dem Half-Dome erscheint.

Nach Rückkehr zum Hotel fanden wir dort Pferde und Maulthiere für uns bereit stehen zu einer Parthie nach dem Glacier-Point. Der Pfad führt eine Zeit lang ziemlich eben fort bis zum Fusse des Sentinel-Rock und steigt dann im Zickzack die steile Bergwand hinan. Um $11^1/_2$ Uhr erreichten wir die Höhe, 990 Meter über der Thalsohle. Der Glacier-Point ist ein, gegen das Thal vorspringender, Fels, der mit einem Eisengeländer umgeben und an einer weithin sichtbaren Fahnenstange kenntlich ist.

Die Aussicht von dort oben ist geradezu wundervoll: An der direkt gegenüberliegenden Felswand die imposanten Yosemite-Fälle; nach Osten, etwas weiter entfernt, der mächtige Nevada- und Vernal-Fall; senkrecht zu Füssen das herrliche Thal, auf allen Seiten von hübsch geformten Bergen umgeben, und über diesen, den Horizont begrenzend, die schneebedeckten Spitzen der Sierra Nevada.

In dem, nahe beim Glacier-Point gelegenen, Gasthaus fanden wir ein leidliches Mittagsmahl. Es hatten sich dort schon vor uns Gäste eingefunden: eine Familie, bestehend aus zwei Damen und einem Herrn, und eine Gesellschaft junger Herren, Holländer, die einen weiteren Ausflug in die Berge unternommen hatten. Sie hatten als Trophäe die Klapper einer Klapperschlange mitgebracht, die unterwegs von ihnen angetroffen und getödtet worden war. Ein junger Mann in Uniform gab sich uns als Deutscher bekannt. Er hatte die Familie zu Wagen von Raymond auf den Glacier-Point gebracht und war der Bediente des Herrn, eines Kriegs-Commissärs der amerikanischen Armee. Erst nach Ableistung seiner Dienstpflicht bei dem 13. Husaren-Regiment in Frankfurt a. M. war er, wie er sagte, nach Amerika ausgewandert, da er hoffte, dort sein Glück zu machen. Doch, nachdem er sich lange vergeblich nach lohnender Beschäftigung umgesehen hatte und fast mittellos geworden war, liess er sich endlich bei der Armee der Vereinigten Staaten anwerben. Er meinte jedoch, der Soldat gelte dort nichts; er habe den Dienst schon reichlich satt und würde, sobald seine Capitulation abgelaufen sei, wieder seine alte Heimat aufsuchen.

Wir verliessen das Gasthaus um 1 Uhr. Der Heimritt, thalwärts, war, obschon die Pferde sich sicher auf den Beinen
zeigten, doch recht unbequem und anstrengend; wir trafen,
ziemlich ermüdet, $4^1/_2$ Uhr im Stoneman-House wieder ein.

Am Mittag des 19. Juli traten wir die Rückreise aus
dem Thal an. Als Reisegenossen im Wagen hatten wir
diesmal zwei junge Herren aus Berlin, Maschinentechniker,

Der Miror-Lake (Spiegelsee).

welche die Ausstellung in Chicago Studien halber besucht
und im Anschluss daran einen Abstecher in das Yosemite-
Thal unternommen hatten. Unsere Petersburger Reisegesellschaft war schon tags zuvor zurückgekehrt.

Die Fahrt im Thal, bei bedecktem Himmel und absolut
ruhiger, schwüler, Luft war sehr ermüdend; doch noch ab-
spannender wirkte der Anstieg auf dem Serpentinen-Weg,
natürlich immerfort im Schritt; man glaubte schier, die Höhe
würde nimmermehr erreicht werden. Oben wehte ein kühler

Luftzug, der bei dem nun eingeschlagenen, schnelleren, Tempo unserer Pferde um so angenehmer empfunden wurde.

Gegen 7 Uhr Abends langten wir in Wawona an, wo wieder Nachtquartier genommen wurde.

Für den nächsten **Tag war dem Mariposa-Hain** mit seinen Riesenbäumen, — Mariposa Grove of Big-Trees —, ein Besuch zugedacht. Der 520 Hektar grosse Hain ist vom Congress als Staatseigenthum erklärt worden.

Schon früh $7^1/_2$ Uhr verliessen wir das Hotel. Die Entfernung bis zum untern Hain, 7 Meilen, wurde in $1^1/_2$ stündiger Fahrt zurückgelegt.

Um 9 Uhr hielten wir an den ersten Riesenbäumen. Dieselben finden sich in zwei, eine halbe Meile von einander entfernt liegenden, Gruppen. Der untere Hain enthält 100 Exemplare der Sequoia oder Wellingtonea gigantea, darunter den Grizzly-Giant, den grössten von allen im ganzen Hain. Derselbe hat eine Höhe von 82 Metern; einen Umfang von 29 Metern und einen Durchmesser von fast $9^1/_2$ Metern; sein Hauptast, 60 Meter hoch über dem Erdboden, ist 2 Meter dick.

In den oberen Hain, der aus 365 Bäumen besteht, gelangt man durch einen 3 Meter hohen und 3 Meter breiten Tunnel, der mitten durch eine, noch lebende, Sequoia von 8 Metern Durchmesser, — die **Wawona** —, gehauen ist.

Unter den Baumriesen finden sich 18, die über 25 Meter Umfang und 33, die über 9 Meter Durchmesser haben. Einem, der noch lebenden, Exemplare wird ein Alter von 1810 Jahren zugesprochen. Ein umgefallener Koloss, mit gegen 3400 Jahresringen, muss 13 Meter im Durchmesser und 122 Meter Höhe gehabt haben; die Dicke der Rinde beträgt nahezu $1/_2$ Meter.

Die Sequoia liefert nur Tannenzapfen in der Grösse eines kleinen Hühnereies; das Holz derselben ist ungemein dauerhaft und werthvoll, leicht zu verarbeiten und einer hohen Politur fähig.

Der Hain von Mariposa hat die dicksten Exemplare dieser Baumgattung in Amerika, nicht aber die höchsten. Dieser Ruhm kommt dem Calaveras-Hain bei Stockton zu, der ein Exemplar, den Keystone-State, mit einer Höhe von

Der Tunnel durch die Wawona.

99 Metern, aufweist, der Umfang desselben beträgt freilich nur 13,7 Meter.

Von dem Mariposa-Hain gelangten wir auf einem Nebenweg, ohne Wawona wieder zu berühren, auf die Hauptfahrstrasse und erreichten die Eisenbahnstation Raymond um 5 Uhr Nachmittags.

In dem Sentinel-Hotel wurde uns ein recht mässiges

Souper, zu einem Dollar für die Person, servirt. Nach demselben begaben wir uns zum Bahnhof und nahmen in dem, schon bereit stehenden, Waggon Platz. 7 Uhr erfolgte die Abfahrt. Bald nach 8 Uhr hielten wir an Station Berenda, woselbst unser Wagen wieder ausgeschaltet wurde, wie auf der Hinreise, und bis zum andern Morgen auf der offenen Strecke stehen blieb. Gegen 5 Uhr früh kam ein Zug aus der Richtung von Los Angeles; diesem wurde unser Waggon angeschlossen, und mit demselben trafen wir $12^1/_2$ Uhr Mittags wieder in San Francisco ein.

Rückblicke.

Unser Reiseprogramm für Amerika war erledigt; im Hafen lag schon der Dampfer, welcher uns weiter bringen sollte. Wir waren alle recht froh, dass dieser Abschnitt der Reise hinter uns lag. Mit grossen Erwartungen betraten wir die neue Welt; wir hatten eine hochinteressante Zeit daselbst verlebt, und sehr viel Neues, Schönes und Grossartiges gesehen, und gleichwohl war uns das grosse Land durchaus unsympathisch geblieben: wir verliessen es ziemlich enttäuscht und unbefriedigt.

Mancherlei trägt dazu bei, dem Fremden den Aufenthalt in den Vereinigten Staaten zu verleiden. Schon die Lebensanschauungen und Gewohnheiten sind dort so grundverschieden von den in der alten Welt geltenden, dass der Europäer sich daselbst auf die Dauer nicht heimisch fühlen wird.

Es dürfte vielleicht hier am Platze sein, etwas näher auf amerikanische Verhältnisse einzugehen.

Der Amerikaner, d. h. der in Amerika Geborene, und namentlich der Englisch-Amerikaner, trägt ein kolossales Selbstbewusstsein zur Schau und ist meist geradezu abstossend im Verkehr mit Fremden. Es scheint, dass er glaubt, mit seinem protzigen Auftreten die nächste Vergangenheit seiner Familie, da vielleicht seine Eltern oder Grosseltern mit wenig

8*

Habe als Zwischendeck-Passagiere der neuen Welt entgegen-
zogen, in Vergessenheit bringen zu können. Das ist auch
wohl der Grund, weshalb er sich bei jeder Gelegenheit über
Europa, — die Heimat seiner Eltern —, und die dort bestehenden Verhältnisse in Schimpfereien ergeht. Bei uns
ist alles schlechter als in den Vereinigten Staaten: Unsere
Eisenbahnen fahren zu langsam; in den Gasthäusern fehlt
jeder Comfort; es herrschen längst veraltete, patriarchalische
Zustände; Geburtsadel gilt noch immer mehr als Geistesadel,
dabei könne wahrer Fortschritt nicht aufkommen; die Polizei
sei nur dazu da, die Menschen zu chikanieren etc. etc.
Seine Heimat hält er dagegen sehr hoch. Spricht er von
derselben, so bewegt er sich in den höchsten Superlativen:
Was es auch sein mag, seiner Ansicht nach ist dort alles
das Beste, das Schönste und das Grossartigste in der Welt!
Es ist nur zu verwundern, dass es gleichwohl in Amerika
noch für strebenswerth gilt, die alte Welt aufzusuchen.

Wie uns aus zuverlässiger Quelle mitgetheilt wurde, finden
sich unter hundert, die eine Reise nach Europa unternehmen,
nicht fünf, welche die bedeutenderen Sehenswürdigkeiten
ihres eigenen Landes: die Rocky-Mountains, den Yellowstone-
Parc oder das Yosemite-Valley, aus eigener Anschauung
kennen.

Der Amerikaner thut sich sehr viel zu gut auf die in
seinem Lande herrschende Freiheit. Es erschien uns in
hohem Maasse komisch, wenn dort, selbst notorisch arme
Teufel bei jeder Gelegenheit das Wort Liberty, „Freiheit“,
im Munde führten. Ich fragte einmal einen solchen Menschen,
worin denn dort die viel gerühmte Freiheit bestände, und
widerlegte seine Angaben; da glaubte er schliesslich einen
Haupttrumpf auszuspielen mit der Behauptung: „Ja, man
könne sogar über den Präsidenten nach Herzenslust öffent-
lich schimpfen, ohne deshalb von der Polizei belangt zu
werden!“

In Wirklichkeit giebt es aber wohl kaum in der Welt so

viel Zwang, wie gerade in den Vereinigten Staaten. Polizei-
Vorschriften, die bei uns absolut undurchführbar wären,
belästigen in geradezu peinlicher Weise die Bevölkerung.
Ich erinnere nur an die puritanische Sonntagsfeier mit strenger
Schliessung aller Wirthschafts- und Vergnügungs-Lokale;
an die Temperenz-Gesetze, die in verschiedenen Staaten
Uebertretungen mit den höchsten Strafen, — sogar mit Stockhieben! —, belegen; an das Rauchverbot, welches man fast
allenthalben antrifft etc. Dazu kommt noch, dass die dortige
Polizei als sehr unzuverlässig gilt: man wirft ihr Willkür
und Bestechlichkeit vor. Die niederen Beamtenstellen finden
sich fast ausschliesslich in Händen von Irländern, denen
im Allgemeinen sehr wenig Vertrauen entgegengebracht
wird. Die vor einigen Jahren (1895?) gegen die New-Yorker
Polizeiverwaltung eingeleiteten Verhandlungen haben böse
Schattenseiten derselben aufgedeckt.

Sehr stolz ist der Amerikaner auf seine republikanische
Regierungsform, nach welcher alle Bürger gleich sind, und
es Standesunterschiede nicht giebt, d. h. nicht geben sollte.
Aber gerade dort existiert ein grösserer Kastengeist als
irgendwo, und zwar rangiren sich die Classen einzig und
allein nach der Höhe an materiellem Besitz: zu der ersten,
— nobelsten —, Classe rechnen die Dollar-Millionäre. Höhere
geistige Begabung, „ohne metallischen Beiklang", wird nicht
besonders hoch geschätzt und auch Geburtsadel geniesst
— angeblich —, keine Bevorzugung. Wie es bezüglich des
letzteren zur Zeit drüben steht, das erhellt wohl am besten
aus dem Eifer, mit welchem sich die Millionen-Könige be-
mühen, Sprösslinge hochadeliger Familien der alten Welt als
Schwiegersöhne zu erringen.

Eine etwas eigenartige Beleuchtung erfährt der republikanische Sinn der Amerikaner auch durch Folgendes: Für
die Eröffnungsfeier der Columbus-Ausstellung zu Chicago
sah man sich nach einer Persönlichkeit um, welche officiell
die Eröffnung der Welt verkünden und schon durch ihren

Namen dem Fest gewissermaassen einen historischen Stempel
aufdrücken sollte. Es war gewiss ein recht glücklicher Griff,
dass dazu der Herzog von Veraguez, ein direkter Nachkomme
von Christof Columbus, ausersehen wurde. Dieser, welcher
in recht bescheidenen Verhältnissen in Madrid lebte, wurde
eingeladen, als Gast des Ausstellungs-Comités den in Aussicht genommenen Feierlichkeiten beizuwohnen. Der Herzog
nahm die Einladung an und reiste mit seiner Familie nach
Amerika. Bei seiner Ankunft in New-York wurde er in
grossartiger Weise gefeiert und verlieh dem dort bald darauf
folgenden Einweihungsakt der Ausstellung durch seine Anwesenheit die rechte Weihe. Alsdann begab er sich nach
Chicago und fühlte sich daselbst, wo ihm Wagen, Dienerschaft und eine Anzahl Zimmer im Hotel Palmer-House, mit
unbeschränktem Credit, zur Verfügung gestellt wurden, ganz
und gar als grosser Herr.

Das wurde plötzlich anders, als die spanische Prinzessin
Eulalia den amerikanischen Boden betrat. Eine Prinzessin aus
königlichem Geblüt im Lande, die eine so weite Reise unternommen hatte, um die Ausstellung zu besuchen; dieses uner-
wartete Ereigniss stieg den betheiligten Kreisen ganz gewaltig zu
Kopfe. Man gab sich alle Mühe, den erlauchten Gast seinem
hohen Range entsprechend zu ehren und ihn vergessen zu
lassen, dass er sich in einem Freistaat befinde. Eine grosse
Truppenschau, nach Art der europäischen Grossstaaten, konnte
zwar nicht geboten werden; dafür wurde eine Parade über
die, immerhin stattliche, Polizeimacht New-Yorks in Scene gesetzt. In Chicago stellte man der Prinzessin die fürstlich eingerichtete Villa des Oberst Palmer als Wohnung zur Verfügung.
Ihr zu Ehren wurden verschiedene Festlichkeiten veranstaltet;
die Damen und Herren aus den ersten Gesellschaftskreisen der
Stadt wetteiferten um die Ehre, der hohen Dame bei ihrem
Erscheinen in der Oeffentlichkeit als Begleitung zu dienen.
Die Prinzessin, eine sehr kluge Frau, wird gewiss über die
ihr von „strengen" Republikanern in so überschwänglicher

Weise bezeugten Ehrungen im Innern manchmal recht ge-
lächelt haben; sicherlich aber hat sie ihre helle Freude
gehabt über das Entsetzen, welches sich auf den Gesichtern
der sie begleitenden Ladies und Gentlemen malte, als sie,
nach langem Herumwandern in der Ausstellung, in einem
Restaurant des deutschen Dorfes ein Glas Bier bestellte und
selbiges mit Behagen austrank.

Der neue Gast nahm die herrschenden Kreise in Chicago
so sehr in Anspruch, dass darüber der alte ganz und gar
in Vergessenheit gerieth. Um den Herzog, den sie bisher
mit Stolz als ihren Gast gefeiert hatten, bekümmerte sich
Niemand mehr; ja, man übersah sogar, ihm fernerhin die,
für seinen Aufenthalt in Chicago nöthigen, Mittel zur Verfügung zu stellen. Darf man den Mittheilungen, welche damals in der New-Yorker Staats-Zeitung, (allerdings einer
Gegnerin der herrschenden, — demokratischen —, Partei),
darüber erschienen, Glauben schenken, so gerieth der arme
Herr in eine geradezu peinlich bedrängte Lage, so dass
selbst seine Heimreise auf Schwierigkeiten gestossen wäre,
wenn das genannte Blatt sich nicht seiner angenommen
hätte.

Jeder geborene Amerikaner hält sich für einen Gentleman,
und als solcher dünkt er sich zu gut für schwerere, sogenannte knechtische, Arbeiten: „das mögen die Einwanderer
besorgen.“ Die meisten suchen als Manager oder Agenten
in bequemer Weise ihr Auskommen zu finden; die Zahl
solcher Individuen ist denn in den grösseren Städten auch
Legion. Ihre Hauptthätigkeit besteht darin, bei Landung der
Auswanderer-Schiffe sich an die Ankommenden zu machen,
und die Besitzer nennenswerther Baarmittel, unter Vor-
spiegelung von günstiger Gelegenheit, Land anzukaufen, zu
Landverkaufs-Compagnien, — meist verdächtige Firmen —,
zu schleppen, wo dann das Ausziehen der Fremden beginnt.

Selbstverständlich fallen dabei für die Zutreiber entsprechende Procente ab. Ausserdem sind diese Agenten

auch als Fremdenführer und als Commissionäre für Alles zu haben; in New-York fallen sie dem Fremden durch ihre Zudringlichkeit oft lästig.

Der Amerikaner will aber auch äusserlich als Gentleman erscheinen und vor allem als solcher gelten, und dazu ist Geld, ja, dort sogar viel Geld erforderlich. Da in jenem Lande der Mensch ausschliesslich nach dem geschätzt wird, was er hat, nicht nach dem, was er ist, so hat sich daselbst eine tolle Jagd nach dem Dollar ausgebildet. Aber verhältnissmässig nur wenige, die vom Glück ganz besonders begünstigt wurden, brachten es zu wirklichem Reichthum. Auf welche Weise dieser Besitz errungen worden ist; ob es dabei immer in lauterer Weise zuging, danach fragt kein Mensch; je mehr einer zusammengebracht hat, desto höheres Ansehen geniesst er. Einer der grössten Dollar-Millionäre, dem nachgesagt wurde, dass er durch Wucherei den Grund zu seinem Riesen-Vermögen gelegt habe, starb vor mehreren Jahren als einer der angesehensten Bürger des ganzen Landes. Man hat über ihn das folgende bezeichnende Geschichtchen in Umlauf gesetzt: Seine zwei Söhne waren bei einem Pferderennen; der eine setzte einen hohen Satz auf einen Favorit und verlor. Darauf bemerkte der zweite: „Bruder, Dein Einsatz ist für die Hölle!" worauf der erste: „Oh! dann ist das Geld für uns nicht verloren, dann kommt es ja sicher zum Vater!"

Das Streben und Hasten nach Besitz nimmt das ganze Denken des Amerikanes in einer Weise in Anspruch, dass darin alle edleren Regungen im Menschen aufgehen. Er ist ein krasser Egoist, jeder Gemüths-Empfindung bar. Bei allem, was er unternimmt, leitet ihn nur der eine Gedanke, für sich dabei einen Vortheil herauszuschlagen. Selbst die Wohlthätigkeit muss herhalten, um sein Ansehen bei den Mitbürgern zu erhöhen und seinen Credit zu steigern. Er schenkt mit vollen Händen, wenn er weiss, dass seine Gabe mit seinem Namen durch die grosse Glocke, — Zeitung ge-

nannt —, an die Oeffentlichkeit kommt; im Geheimen wohl-
zuthun, dazu ist er nicht zu haben. Ein reicher Mann, der
sich bei einer öffentlichen Zeichnung für einen mildthätigen
Zweck in protzender Weise mit einigen Hundert Dollars be-
theiligt, ist im Stande, einen armen Menschen, welchen er
auf der Strasse vor Elend zusammenbrechen sieht, ver-
hungern zu lassen, ohne auch nur daran zu denken, dass
er jenem mit einem Dollar vielleicht das Leben retten
kann.

Der Amerikaner hat sich darin gefallen, den Frauen
eine bevorzugte Stellung einzuräumen. Wie in vielen seiner
angenommenen Gewohnheiten, so hat er sich auch im Frauen-
kult den Engländer zum Vorbild genommen, ist aber dabei
entschieden über das richtige Maass gegangen. Situationen,
wo ein fein gekleideter Herr sich bemühte, einer schlecht
gekleideten Frau aus dem Volke gegenüber den Cavalier
zu spielen, erschienen uns einfach lächerlich. Der Grund,
weshalb die Frau in den Vereinigten Staaten zu so hohem
Ansehen gekommen ist, mag vielleicht darin zu suchen sein,
dass dort der weibliche Theil viel geringer an Kopfzahl
vertreten ist, als der männliche und sonach bei der Männerwelt an Werthschätzung gewinnen musste. Die Frau ist
drüben nur für die Repräsentation bestimmt, und demgemäss
wird auch die Erziehung der weiblichen Jugend geleitet.
Die junge Amerikanerin geniesst im Allgemeinen einen recht
freien Bildungsgang, ähnlich dem der Knaben. Sie wird auf
höheren Schulen mit Wissenschaft geradezu überladen; sie erhält Unterricht in fremden Sprachen, in der Philosophie, in der
höheren Mathematik, ja sogar in der Astronomie; treibt zur
Erholung Musik und Malerei; — jedoch über die eigentliche
Bestimmung des Weibes als Hausfrau, über die Führung
eines Hauswesens, bleibt sie gänzlich unwissend.

Bei den eigenartigen Verhältnissen, welche in jenem
Lande herrschen, hat es dort die junge Dame wohl auch nicht
nöthig, die Haushaltung zu erlernen, da die wenigsten

Familien in der Lage oder aber willens sind, einen eigenen Haushalt zu führen:

Wie jeder Amerikaner sich als freier Mensch fühlt, so auch die Bediensteten. Sie beanspruchen, auch demgemäss behandelt zu werden; leisten gewöhnlich sehr wenig, verlangen aber recht hohen Lohn. Jeder und Jede, die sich verdingen, thut nur das, wozu er sich vermiethet hat: die Köchin z. B. will nur kochen; der Kutscher nur kutschiren; für die in Küche und Stall vorkommenden Nebenbeschäftigungen, wie Putzen des Geschirres, des Wagens, der Pferde etc., müssen ihnen Unterbediente gestellt werden. Sind sie über etwas unzufrieden, so kündigen sie Knall und Fall den Dienst und lassen die Herrschaft im Stich. Für die meisten Familien ist es zu kostspielig, mehrere Bedienstete zu halten; andere haben keine Lust, sich von ihrer Dienerschaft tyrannisiren zu lassen; sie verzichten deshalb auf eigenen Haushalt und geben sich mit ihrer Familie in den, allüberall in grösseren Orten vorhandenen, Boarding-Häusern in volle Pension.

Ist die Schulbildung der Amerikanerin vollendet, so erübrigt nur noch, aus dem heranwachsenden, jungen, Mädchen eine vollendete Weltdame, — eine Lady —, zu machen. Dazu gehört: die verschiedenen Toilette-Künste kennen zu lernen; sich im Salon als „Dame" zu bewegen und den Tag mit süssem Nichtsthun oder mit Tändeleien: wie Romanlesen, etwas Malerei, Musiziren oder dergleichen, in angenehmer Weise zu verbringen. Es ist wohl zu begreifen, dass sich bei einer derartigen Lebensweise die Langeweile einstellt. Um diese möglichst zu verscheuchen, haben die amerikanischen Frauen eine merkwürdige Gewohnheit angenommen: sie kauen den ganzen Tag über. Die weniger Bemittelten nehmen in den Zwischenräumen zwischen den Mahlzeiten Papp-Korn, gebranntes Zuckerkorn, und verzehren in einem Tage unglaubliche Quantitäten davon; die Wohlhabenden naschen in derselben Zeit Massen von Candy,

— candirte Früchte —, oder von Gummi-Zucker. Besonders der letztere wird leidenschaftlich geliebt. Man sieht, wie, selbst den besten Kreisen angehörende, Damen solches klebrige Zeug mit einer wahren Lust zwischen den Zähnen zusammenpressen, und wie sie hernach mit Anstrengung, unter Verzerren des ganzen Gesichtes, die Zähne wieder auseinander zu bringen suchen. Ein wenig anmuthiges Bild, besonders für feine Damen! — Das Naschen von Süssigkeiten, besonders von candirten Früchten, hat sich auch die elegante, junge, Männerwelt angewöhnt; dasselbe wird gewissermassen als ein, mehr sportmässiger, Ersatz für das fast allgemein übliche Tabakskauen betrachtet.

Es ist bekannt, dass der übermässige Genuss von Zucker zerstörend auf die Zähne einwirkt; es ist deshalb wohl nicht zu verwundern, dass man drüben fast allgemein so schlechte Zähne antrifft. Doch darüber grämt sich die Amerikanerin nicht; als praktische Tochter ihres Landes weiss sie den Schaden zum Vortheil für sich zu wenden; die kranken Zähne müssen herhalten zum Zieren der Besitzerin. Diese Schwäche des Publikums haben die Zahnärzte mit vielem Geschick für sich auszunutzen gewusst. Sie verwenden zum Plombiren schadhaft gewordener Zähne nicht nur Goldfüllungen, sondern verzieren dieselben auch noch, — je nach Wunsch der Patientin —, mit Perlen oder mit Diamanten. Mancher schöne Mund in den „oberen" Kreisen soll mit derartigem Schmuck kokettiren!

Ich bin zu Ende mit der Schilderung von amerikanischen Verhältnissen. Dieselbe lässt den Amerikaner in keinem günstigen Bilde erscheinen, entspricht aber im allgemeinen der Wirklichkeit, da ich mich bemüht habe, die in jenem Lande gewonnenen Eindrücke möglichst objektiv wiederzugeben. Ich will nicht unterlassen, hier zu erklären, dass ich im Laufe der letzten Jahre auch recht liebenswürdige Amerikaner, — sowohl Damen wie Herren —, kennen gelernt habe: Leute, welche in ihrem ganzen Auftreten eine

feine Bildung und eine gute Erziehung verriethen, die es
aber auch verstanden, sich überall, wo sie verkehrten, beliebt zu machen. Mit denselben liess sich in ruhiger Weise
über amerikanische Verhältnisse reden; auch nahmen dieselben keinen Anstand, die schwachen Seiten ihres Heimath-
landes und ihrer Landsleute rückhaltlos einzugestehen.

Zum Schlusse möchte ich noch einige Aufschlüsse über
die vielgerühmten amerikanischen Hotels geben. Angenehme
Unterkunft in den Gasthäusern und gute Verpflegung spielen
bekanntlich eine wesentliche Rolle bei dem Wohlbefinden
eines Jeden, der sich längere Zeit auf Reisen befindet.
Das Leben in den Hotels von Nord-Amerika ist aber nicht
geeignet, dem Nicht-Amerikaner das Dasein angenehm zu
machen; dasselbe wird ihm vielmehr fremd und ungemüth-
lich erscheinen. Nach sogenanntem amerikanischen Plan
erhält man in allen Gasthäusern, zu einem bestimmten Tages-
satz, volle Pension: das ist Wohnung und an den drei
Tages-Mahlzeiten Verköstigung nach Wahl aus den auf-
liegenden, meist sehr reichhaltigen, Speisekarten. Im
Uebrigen aber kümmert sich kein Mensch um den Gast
bis zur Abreise, wo die Rechnung erledigt werden muss.
Die recht spärliche Dienerschaft ist nur dazu da, bei Tische
zu serviren und das Haus in Ordnung zu halten; sie darf
von Gästen keinerlei Aufträge entgegennehmen. Für Kleider-
reinigen und Stiefelputzen gibt es keine Angestellte. Zur
Bequemlichkeit des Publikums haben sich deshalb in den
Souterrains eigene Geschäfte eingerichtet, welche gegen
entsprechende Bezahlung: in den erstklassigen Hotels New-
Yorks um „die Kleinigkeit!“ von $^1/_4$ Dollar, d. i. etwas über
1 Mark —, die Stiefel reinigen. Der Amerikaner und wohl
auch der mit den dortigen Verhältnissen vertraute Fremde
zieht es vor, in schmutziger Fussbekleidung bis zur nächsten
Strassenecke zu gehen, wo er für dieselbe Dienstleistung
an den dort thätigen Stiefelputzer nur 5 Cents, d. i. 20 Pf.
zu entrichten hat.

Was nun die Hotels selbst betrifft, so sind diese, wie
Alles in Amerika, vor Allem auf den äusseren Schein berechnet: in den Strassen fallen sie meist schon durch ihre
Prachtbauten auf. Beim Eintreten in dieselben gelangt man
in einen grossen Flur, der gewöhnlich zu einer imponirenden
Säulenhalle ausgebaut worden ist. Dieses der Lieblingsaufent-
halt des amerikanischen Publikums, welches sich in den dort
herumstehenden Schaukelstühlen mit Zeitungslesen, Unterhaltung, Tabakkauen und Ausspucken, in angenehmer Weise
die Zeit vertreibt. Der erste Stock wird fast immer von
den geräumigen, und mit Luxus ausgestatteten, Speisesälen
und den parlor-rooms, — Conversations-Sälen —, eingenommen; erst in den höher gelegenen Etagen befinden sich
die Fremdenzimmer. Ein oder mehrere Aufzüge, — Lifts —,
vermitteln den Verkehr zwischen den verschiedenen Stockwerken.

Man muss sich wundern, dass bei dieser Ausstattung
und Raumverschwendung eine für unsere Anschauung sehr
wesentliche Hauseinrichtung — nämlich die Aborte — dort
so ganz stiefmütterlich behandelt worden sind. Vergeblich
schaut sich der Gast in den weit verzweigten Gängen seines
Hotels nach einem derartigen Raum um. In der Nähe des
Treppenhauses bemerkt er schliesslich eine Thür mit einer
verlockenden Aufschrift; beim Nähertreten grinsen ihn, wie
zum Hohn, die Worte an: „Only for Ladies!“ — „Nur für
Damen!“ Gleichwohl will er, durch innere Noth gezwungen,
hier eindringen; da erscheint auch schon ein Hotel-
Bediensteter mit strengem Blick und den harten Worten:
„Hier ist der Eintritt für Sie verboten; der Abort für Herren
befindet sich in den unteren Räumen, — down stairs —.“
Der „friedfertige“ Gast wandert dann verschiedene Treppen
abwärts bis ins Souterrain und findet dort eine ganze
Flucht von Thüren nebeneinander, alle mit der Aufschrift
W. C., — Water-Closet. — Eine jede von diesen führt in
einen schmalen Abortraum, der auf beiden Seiten nur durch

eine dünne Bretterwand von der Nachbarschaft getrennt
ist. Diese ganze Anlage erscheint dem Europäer als für
Menschen unwürdig; — sie erhielt von uns die Bezeichnung:
Indianer-Stall!

Selbst die besten Gasthäuser in den Vereinigten Staaten
befanden sich bis vor wenigen Jahren in der geschilderten
Verfassung, und erst die allerneuesten Palast-Hotels, in New-
York: New-Netherlands-, Holland-House und, vor allem
Hotel Waldorf, in Denver: Windsor-, in San Francisco das
Palace-Hotel, haben anerkennenswerthe Aenderungen ge-
schaffen und verdienen es, als Hotels I. Classe bezeichnet
zu werden.

Verzeichniss der Abbildungen.

———

Druck von Oscar Brandstetter in Leipzig.